AUX SOURCES DU MONDE ARABE

L'Arabie avant l'Islam

Collections du Musée du Louvre

AUX SOURCES DU MONDE ARABE

L'Arabie avant l'Islam

Collections du Musée du Louvre

par Annie Caubet
Conservateur en Chef du Département des Antiquités Orientales
du Musée du Louvre

INSTITUT DU MONDE ARABE
معهد العالم العربي

Réunion des musées nationaux

Du printemps 1990 à 1993, l'Institut du Monde Arabe présente en avant-première une tranche du programme du Grand Louvre : les antiquités de l'Arabie préislamique qui seront regroupées dans une section du département des Antiquités Orientales. Il a paru intéressant de montrer au public un choix d'objets qui constitue une préface aux œuvres d'art de l'Islam exposées à l'IMA.

Par souci de simplicité pour le lecteur, nous avons conservé aux toponymes arabes leur orthographe traditionnelle en français.

Conception scientifique :

Annie Caubet, Conservateur en Chef du Département des Antiquités Orientales du Musée du Louvre

Rédaction du catalogue :

Annie Caubet, assistée de
Marielle Pic, Département des Antiquités Orientales, Musée du Louvre

Traduction en anglais :

Mary Delahaye

En couverture : Banquet funéraire de Maliku (détail)
Palmyre, IIe s. ap. J.-C.

ISBN : 2-7118-2368-7

Remerciements :

Dans l'élaboration de ce dossier, nous avons bénéficié de l'amicale collaboration de Béatrice André, d'Yves Calvet (pour le Yémen), Jacqueline Dentzer-Feydy (pour le Hauran), Pierre-Louis Gatier (pour les inscriptions grecques de Doura Europos), Eric Godet, Manfred Kropp, qui a fourni une nouvelle lecture du linteau d'Imru'-l-Qays. Pierre Leriche nous a apporté ses lumières sur le site de Doura Europos, Pierre Lombard sur le golfe arabo-persique. Michael Macdonald nous a apporté de nombreuses corrections et suggestions pour l'introduction et les chapitres concernant l'Arabie du Nord-Ouest et le Safa. La notice de l'inscription de Teima n° 11, sur laquelle il prépare actuellement une étude, lui a été confiée. Christian Robin a aimablement vérifié tout le texte.
Jean-François Salles a relu attentivement le chapitre concernant le Golfe. Xavier Teixidor, enfin, nous a fait part de ses réflexions sur l'ensemble du concept, et a bien voulu revoir les pages de l'introduction relative aux problèmes historiques, à la langue et aux écritures. Que tous trouvent ici l'expression de notre gratitude.

Organisation :

Musée du Louvre, Département des Antiquités Orientales :
Annie Caubet
Marielle Pic

Institut du Monde Arabe :
Christiane Naffah, Conservateur du Musée
Jeanne Mouliérac, Responsable de l'Unité d'Art Islamique
Eric Delpont, Attaché Audiovisuel

Administration :
Badr Eddin Arodaky, Administrateur
assisté de Nada Abdallah

Communication :
Raja Farat, Responsable de la communication
Catherine Grebaut, Relations publiques
Dominique Joguet, Attachée de presse

Conseiller :
Ouardia Oussedik

Présentation :

Repérage, Société d'architecture
Cabinet Sery-Bertrand, économiste
Licht Design, étude de l'éclairage
Sarmadi, signalétique

Audiovisuel :

Production : Toutatis
Réalisation : Pierre Schumacher

Avec le concours des Transports Internationaux
André Chenue et Fils

A l'ombre du Tamaris un banquet eut lieu ;
A l'ombre du Palmier (furent prises) des décisions (justes).
Les arbres (alors), se comparèrent l'un à l'autre.
Le Tamaris et le Palmier en perdirent le repos.
Le Tamaris parla, faisant grand éloge de lui-même
Et lorsque le Palmier répondit, ses paroles le surpassèrent en vantardise :
« O Tamaris — tu es un arbre inutile — Que sont tes branches ? du bois sans fruits. Mes fruits à moi, appartiennent à un grand arbre. Le jardinier parle de moi comme d'un bienfait pour l'esclave et le gouverneur. Grâce à la nourriture (que procurent mes dattes), le petit enfant grandit et l'adulte est rassasié. Ne suis-je pas loué en la présence du roi ? Je suis plus grand que toi à tous les points de vue. Le fermier le sait bien : (je produis) la corde, le filet..., C'est de mon panier que le boulanger prend sa farine... »
— « Ecoute bien (dit le Tamaris), fou que tu es, sais-tu quels produits de ma chair on peut trouver dans le palais du roi ? Le roi mange sur ma table, dans une assiette faite de mon bois. La reine boit dans ma coupe, dans mon récipient le guerrier mange. Je suis un tisserand et je tisse mes fibres, j'habille les troupes. Je suis un exorciste et purifie le temple. Je suis le premier, sans rival. »
— (le Palmier) « Dans les sanctuaires, lorsque des sacrifices aux grands dieux sont offerts, là où je ne m'élève pas, le roi n'accomplit pas les libations avec un cœur avisé... Je suis plus haut que toi, je suis le maître... »

La dispute du Tamaris et du Palmier (extrait)
Fable mésopotamienne

Sommaire

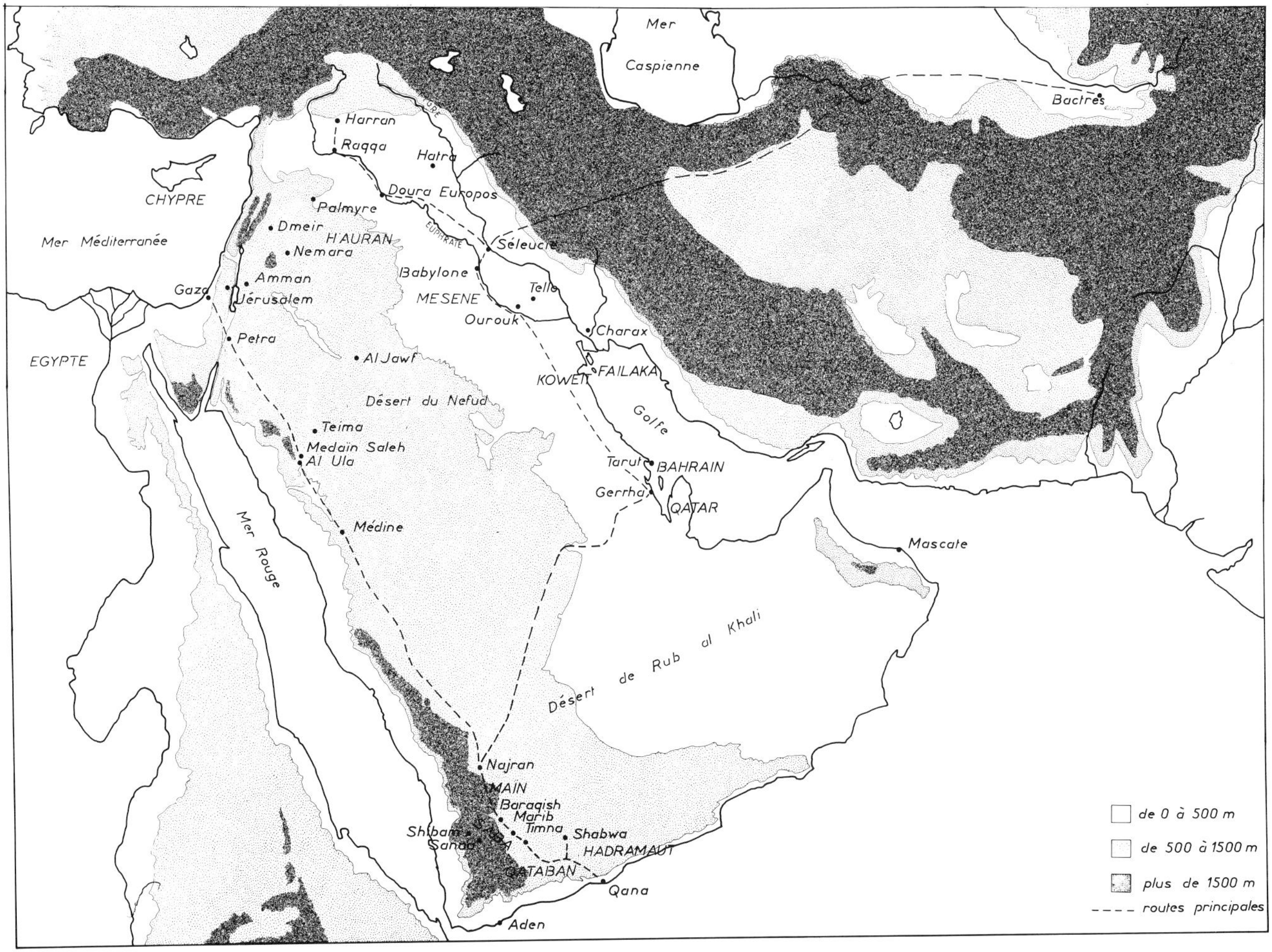

Fig. 1 *L'Arabie et ses franges.*
(Dessin Caroline Florimont)

L'Arabie terre de légendes

Des princesses au destin fabuleux, Balkis, reine de Saba, Zénobie, reine de Palmyre, Shéhérazade la conteuse. Tous les parfums de l'Arabie, convoqués par Lady Macbeth pour laver son crime ; l'encens, la gomme et la myrrhe déposées par les Rois Mages aux pieds de l'Enfant divin. Les dattes, fruit de fraîches oasis surgies à l'issue du désert, l'indigo du Yémen, les perles fines rapportées de la profondeur des eaux du Golfe arabo-persique. L'or que Salomon fait quérir à Ophir, les diamants de Golconde acheminés à travers le désert au pas lent des caravanes... L'Arabie, c'est d'abord pour le visiteur occidental, un parfum de légende : de Strabon à Rimbaud et Paul Nizan, de Shakespeare à Philby et Henri de Monfreid, écrivains et poètes se sont fait l'écho de la fascination qu'excerce sur nous l'Arabie. Quelle est la part de l'imaginaire, quelle est celle de l'Histoire, c'est ce que tente de montrer cette exposition.

Les collections du Musée du Louvre

Le Musée du Louvre possède des collections non négligeables d'antiquités provenant de l'Arabie, ou, plus précisément, de la périphérie de la péninsule : les plus importantes concernent le Yémen, elles ont été rapportées par des voyageurs du XIXe siècle. Faute de place, ces collections n'ont pu jusqu'à présent être montrées au public de façon permanente. Quelques expositions temporaires comme celle du musée d'art et d'essai au palais de Tokyo, à Paris, en 1980 : « Au pays de la reine de Saba » ou à Lyon en 1978-79 : « Pétra et la Nabatène », ont permis de sortir des réserves les oeuvres principales.

Dans l'avenir, des espaces spécifiques seront consacrés dans le Grand Louvre aux antiquités de l'Arabie. Ces salles seront progressivement ouvertes à partir de 1993. En attendant et durant les travaux, l'IMA a la primeur de cette programmation.

Les remaniements et agrandissements du Grand Louvre offrent aux conservateurs l'occasion unique de repenser totalement leur discipline, de revoir des conceptions acceptées par l'usage mais que les recherches récentes font apparaître comme dépassées. Ainsi les collections de l'Orient ancien étaient-elles jusqu'à présent divisées en trois sections, consacrées à la Mésopotamie, à l'Iran et au Levant. Sous cette dernière appellation était regroupé tout ce qui n'était ni Iran ni Mésopotamie, c'est à dire aussi bien la Phénicie que la Terre Sainte, Palmyre, la Transjordanie, l'Afrique du Nord punique, Chypre, et enfin le Yémen. La juxtaposition, dans les mêmes espaces, de monuments araméens du désert de Syrie et d'Arabie avec des oeuvres de Phénicie risquait en permanence d'entraîner des confusions dans l'esprit du visiteur. Aussi a-t-il paru indispensable de marquer fortement les différences entre le littoral syro-palestinien et l'arrière-pays, pour mettre en évidence l'existence de deux entités géographiques distinctes : le Levant, ouvert sur la Méditerranée, d'une part et l'ensemble des zones ouvrant sur la péninsule arabique, de l'autre. C'est à dessein que nous présentons ce parallèle entre la Mediterranée et le coeur de l'Arabie : ce milieu désertique, à la fois inhospitalier et propice aux communications, fonctionne en effet comme une mer.

L'exposition proposée à l'IMA reflète les faiblesses comme les richesses des collections du musée du Louvre. Ainsi, certaines régions ne sont représentées que par d'humbles vestiges, d'autres bénéficient d'une meilleure évocation, comme Palmyre ou le Yémen. L'architecture, l'environnement, avec leur immense qualité esthétique, sont hélas forcément absents : le visiteur sera invité à pallier en pensée les lacunes les plus criantes. Du périple autour de l'Arabie qui lui est ainsi proposé, il pourra retirer une vision globale du monde arabe préislamique ; vision qu'il aura tout loisir de confronter ensuite avec celle inspirée par les salles de l'IMA consacrées aux arts de l'Islam.

Les franges de l'Arabie, une entité culturelle

En regroupant les témoins de cultures qui se sont épanouies à la périphérie de la péninsule, cette exposition ambitionne de mettre en valeur certains éléments d'unité : le peuplement (avec l'arrivée des tribus araméennes puis arabes), la langue, la société, les croyances religieuses.

Les témoignages archéologiques les plus anciens (du moins dans les collections du musée du Louvre) qui concernent le monde arabe préislamique, proviennent des franges de la péninsule arabique. Dans cette périphérie, malgré des variantes locales, les points communs ressortent. Tout d'abord la langue, ou plutôt les divers groupes linguistiques, attestés par d'innombrables inscriptions. Les échanges, ensuite : les routes caravanières ont été un incontestable facteur d'unité. Le rôle vital de ces routes est souligné par la place des marchands et des chameliers dans la société. Les analogies culturelles d'un bord à l'autre de la péninsule arabique, de la Mer Rouge au Golfe Arabo-persique, de la Mer Morte à l'Océan Indien, montrent l'existence de très anciennes voies de circulation : malgré l'hostilité de l'environnement géographique, les marchandises ont circulé sur de très longues distances.

Le milieu géographique

Limité sur trois côtés par autant de mers (Mer Rouge, Océan Indien et Golfe Arabo-persique) et au Nord par les vallées du Croissant Fertile, arrosé par le Tigre et l'Euphrate, l'Oronte et le Jourdain, le milieu géographique de l'Arabie et de ses franges est assez homogène, quoique varié. Cependant, ces immenses espaces se définissent mieux par leurs limites que par leur contenu même (fig. 1).

La péninsule arabique, contrairement à une idée couramment reçue, n'est que partiellement désertique ; mis à part le vaste Rub al-Khali, qui est, lui, vraiment un désert, on peut qualifier de steppes les étendues semées d'une herbe rare mais suffisante pour la survie des animaux sauvages : le chacal, l'autruche, de nombreuses variétés de gazelles, dont l'oryx aux belles cornes, tout un abondant gibier hante la steppe et a attiré les chasseurs depuis les temps paléolithiques.

De loin en loin, les points d'eau jalonnent l'espace : les puits, très tôt aménagés par l'homme et constamment entretenus, ont servi de centres de ralliement aux tribus alliées ou de pommes de discorde dans la dispute pour l'eau ; l'emplacement des puits et des oasis détermine le tracé des pistes caravanières qui les unissent.

Grâce à quelques riches plaines et surtout grâce aux oasis, l'agriculture a toujours tenu une place primordiale dans la vie de l'Arabie. Les oasis sont de taille très variable, il en est de très petites, quelques arbres autour d'un puits, d'autres s' étendent sur des dizaines de kilomètres et sont riches de millions de dattiers. Certaines oasis sont situées au cœur de la steppe, comme Palmyre, d'autres sont nichées au pied des montagnes dont elles recueillent l'eau, comme Damas ou Teima.

L'oasis se définit par la présence de l'eau et la preéminence de la culture arbustive : culture du palmier dattier surtout, parfois aussi d'arbres fruitiers comme l'abricotier. La permanence des oasis a depuis toujours attiré les animaux et les hommes. Aux franges du croissant fertile, elles ont sans doute joué un rôle primordial dans la sédentarisation et la naissance de l'agriculture dans l'Orient ancien.

Souvent, les nappes d'eau qui assurent l'existence même de l'oasis, sont fortement chargées en sel. Cette menace réelle pour les cultures est en contrepartie une source possible de richesse si elle est efficacement exploitée : le sel est, avec la datte, le premier produit commercial des oasis.

Les bordures de la péninsule jouissent de climats favorables : le Yémen, avec ses vallées profondes abritées par une chaîne de montagnes côtières, la Syrie méridionale autour du massif du Hauran, offrent des plaines fertiles. Là se sont développées de bonne heure des sociétés agricoles et urbaines. A la limite orientale de la steppe, les plateaux qui surplombent la vallée de l'Euphrate sont également propices aux cultures : c'est d'ailleurs dans cette dernière région qu'est intervenue la « révolution néolithique », comme on baptise souvent le lent processus au cours duquel l'homme est parvenu à maîtriser son environnement en pratiquant l'élevage et l'agriculture.

Steppes et oasis correspondent à deux natures de milieux géographiques qui définissent et déterminent deux modes de vie, nomadisme et sédentarisme. Complémentaires, nomades et sédentaires ne peuvent ni vivre ensemble ni se passer les uns des autres : chacun a sa spécialité, aux villageois, l'agriculture, aux hommes des villes, les produits de l'artisanat et de l'industrie, aux nomades, l'élevage.

Ce monde est le fruit de l'adaptation de l'homme à un milieu exceptionnellement sévère, propre à forger des identités fortes mais qui n'ont pas empêché les habitants d'être perméables aux influences multiples qui s'excercèrent sur les franges de leur domaine.

Repères historiques

Par préislamique, on entend ce qui précède l'Hégire en 622 après J.-C. Plus précisément, dans le cadre de cette exposition, sont envisagées les périodes qui suivent la chute des empires assyrien (612 av.) et babylonien (539 av.) ; la domination des Perses Achéménides (VIe-IVe siècles), assura la « paix perse » sur l'ensemble du proche orient, et permit un prodigieux développement du trafic caravanier, entièrement aux mains des Arabes. Les groupes de tribus qui pratiquaient le commerce de l'encens, des gommes, résines, pierres fines, teintures, virent ainsi leur économie se développer rapidement.

A partir de la fin du IVe siècle av J.-C., les Grecs Séleucides, successeurs d'Alexandre le Grand, menèrent, dans le Golfe et à l'ouest de l'Euphrate, une politique très active vis à vis de la péninsule arabique. Ils implantèrent des postes stratégiques et des ports sur la Mer Rouge et sur le Golfe ; ils favorisèrent l'assimilation des divinités indigènes à leur panthéon, grâce à l'établissement de nombreux sanctuaires. Surtout, ils donnèrent une impulsion nouvelle à l'économie et aux échanges, grâce à leur monnayage : leur monnaie fut rapidement adoptée et imitée par les dynastes indigènes.

La prospérité générale qui caractérise la période hellénistique sous l'impulsion des Séleucides se traduisit par l'éclosion de nouveaux centres urbains, cités dont le programme artistique et monumental fut souvent confié à des artistes étrangers ou formés à une culture d'inspiration grecque.

Cette prodigieuse capacité de la civilisation hellénistique à inspirer des formes nouvelles à des traditions indigènes permit l'épanouissement d'une culture gréco-orientale riche et complexe, qui s'étend de la Méditerranée à l'Indus ; dans cet ensemble, les cités de l'Arabie, de Pétra à Palmyre, de Hatra à Doura Europos, ont laissé des souvenirs éclatants.

Rome prit la suite de cette présence occidentale en Orient, mais avec des attitudes différentes vis-à-vis des petits royaumes indépendants. Rome a préféré quand c'était possible la mainmise directe de l'organisation impériale. La surface de l'influence de Rome en Arabie apparaît moindre que celle des royaumes hellénisés ; cependant, l'expansion du christianisme en Syrie et jusqu'en Arabie semble être le résultat direct de la politique romaine, ce qui ne fut pas sans une profonde influence culturelle.

Face aux Romains, de l'autre côté de l'Euphrate, se trouvaient les Parthes ; leur empire, d'origine iranienne, contrôla tout l'Est du Proche Orient, depuis le IIe s. av. J.-C. jusqu'à l'arrivée des Sassanides, eux aussi des Iraniens, au IIIe s. après J.-C.

Langage, écriture et peuplement

C'est l'étude de la langue et des inscriptions qui fournit l'essentiel des informations sur l'évolution du peuplement et les mouvements des tribus.

Le Proche-Orient connaît deux familles de langues, le sémitique

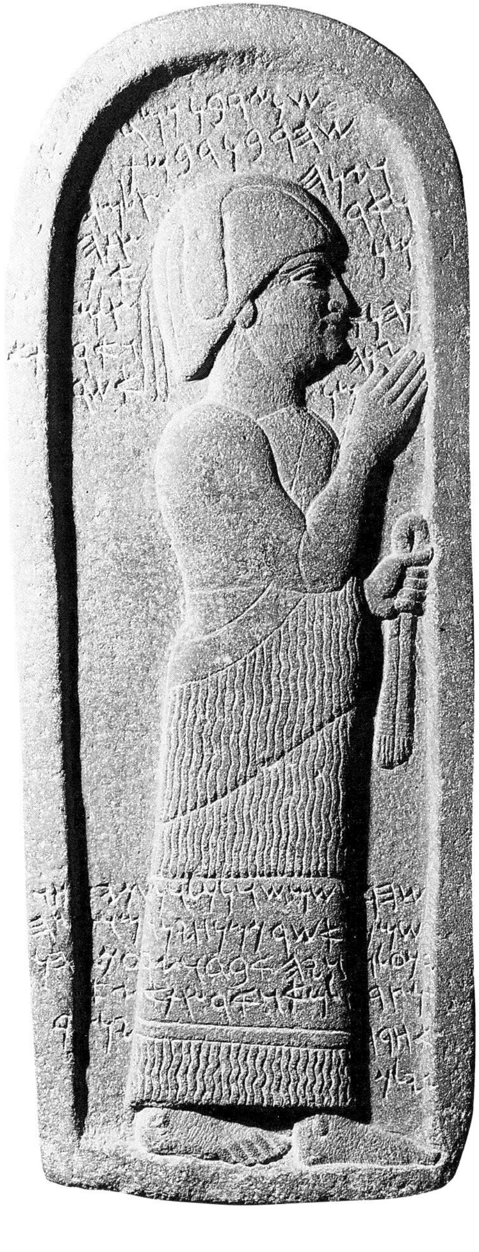

Fig. 2 *Stèle funéraire de Neirab,*
avec inscription araméenne. (Louvre AO 3026)

occidental et le sémitique oriental. Le sémitique de l'ouest, dont l'arabe est l'ultime expression, fut véhiculé par des groupes successifs de tribus venues s'installer aux franges de la Méditerranée : ainsi vers la fin du IIe millénaire, on peut déceler dans l'onomastique la présence des Araméens dont la langue s'imposa à tout le Proche-Orient, exception faite de l'Arabie du sud. Comme langue et comme écriture (fig. 2), l'araméen a connu un destin qui dépasse de beaucoup l'aire de répartition géographique du peuple du même nom, les Araméens, qui occupaient un territoire correspondant à peu près à celui de la Syrie actuelle. Les Perses Achéménides en firent la langue diplomatique et administrative de leur empire, l'araméen allait devenir la *lingua franca* de tout le Proche-Orient jusqu'au temps du Christ.

Ce dossier présente des documents araméens et arabes : sur les franges septentrionales de l'Arabie, les sédentaires parlaient l'araméen : à Pétra et en Nabatène, à Palmyre (fig. 3), à Hatra, à Teima etc. Face à eux, les nomades, leurs contemporains, parlaient des dialectes arabes du nord qui s'écrivaient au moyen de divers alphabets sémitiques. Le linteau d'Imru'-l-Qays (ici nº 31) constitue un des premiers témoignages écrits de la langue arabe. Nous savons cependant par l'onomastique que l'arabe était déja présent dès la première moitié du premier millénaire avant notre ère. L'écriture arabe est dérivée de l'alphabet araméen.

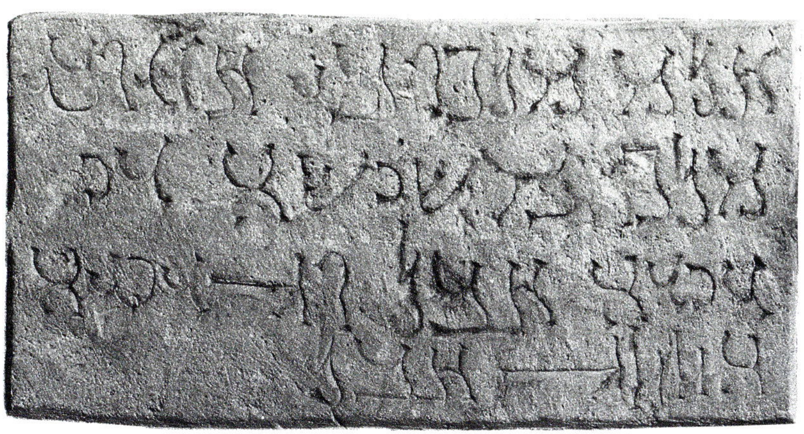

Fig. 3 *Relief du banquet de Maliku̱,* détail avec inscription palmyrénienne. (Louvre AO 2000)

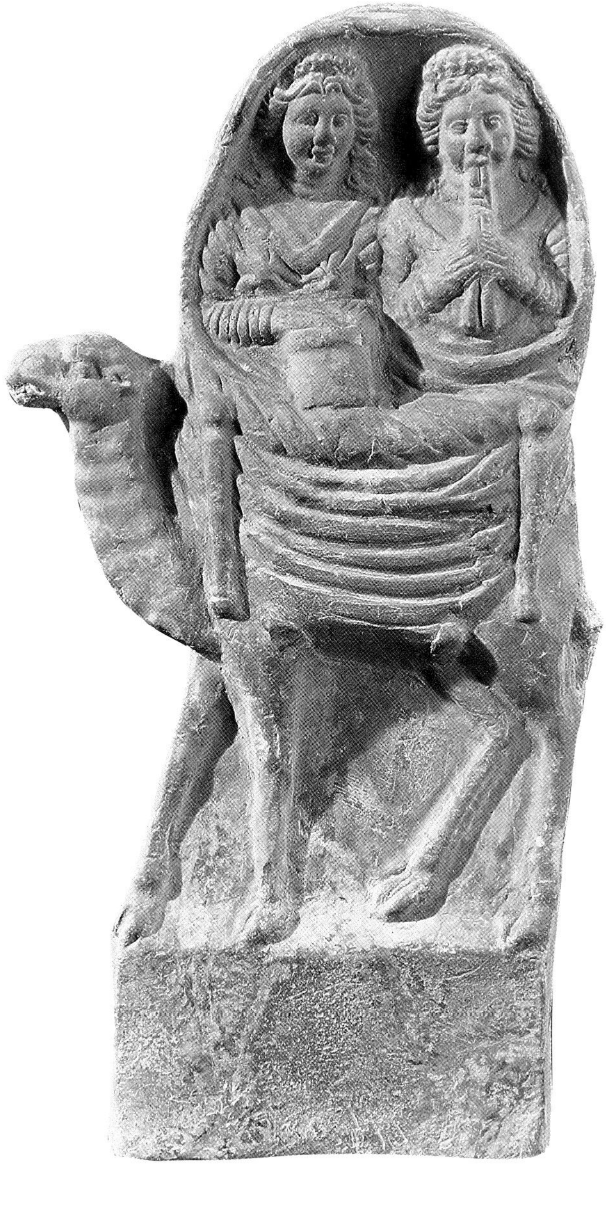

Fig. 4 *Musiciennes à dos de chameau.*
Terre cuite. (Louvre AO 6619)

Les routes caravanières

Entre l'Inde et la Méditerranée, les voies les plus faciles ont longtemps été fluviales : elles ont fait, le long de l'Euphrate, la prospérité de cités comme Mari et Emar. L'animal de somme était l'âne ou un autre petit équidé. Les routes à travers le désert étaient plus courtes mais plus difficiles : c'est le dromadaire qui a permis la naissance du trafic trans-arabique.

L'occidental moderne imagine mal l'Orient sans le dromadaire, animal quasi emblématique de ces régions (fig. 4). Pourtant, ce n'est qu'au IIe millénaire av. J.-C. qu'il fut domestiqué, probablement à partir de la péninsule d'Oman ; son utilisation fut progressivement adoptée par tous les nomades de la steppe ; par ses performances bien supérieures à celles de l'âne, son endurance, sa vitesse, il a permis de multiplier les circulations d'hommes et de biens. Le dromadaire a donné aux nomades la possibilité d'actions guerrières rapides : dans la razzia, ou action de pillage éclair, l'art est d'arriver par surprise et de repartir vite, grâce à une monture rapide. Une fois sur place, et si nécessaire, le guerrier combattait à pied. Les reliefs des palais assyriens ont gardé le souvenir de ces pillards fuyant. Comme animal de transport, c'est incontestablement le dromadaire qui a permis la prospérité des tribus contrôlant les routes caravanières, en premier lieu les gens du pays de Saba (actuel Yémen), ou les Nabatéens, qui opéraient depuis Pétra, ou les habitants de l'oasis de Palmyre.

Les religions

Les religions préislamiques sont de caractère polythéiste et aniconique, c'est à dire que le culte ne s'exprime pas normalement par l'adoration d'images. Sur les franges de l'Arabie, cependant, les contacts avec les populations de Mésopotamie, de Syrie du nord, de Palestine, ont favorisé l'introduction ou l'assimilation de cultes venus s'ajouter aux traditions indigènes ; ces influences extérieures se manifestent par la présence d'images cultuelles sculptées avec des degrés divers de schématisation et d'abstraction.

Dans ces croyances abstraites et désincarnées, la divinité est désignée, dans les dédicaces de fidèles, de manière détournée ou indirecte, par une épithète : la « Forte » (fig. 5), le « Bienveillant » ou un nom de lieu : « celui qui est à Gaia ». En Arabie du nord, l'une des divinités principales, Allât, dont le nom signifie « la déesse », présente un caractère ouranien ; à Palmyre, une pseudo-triade divine constitue le noyau central du pan-

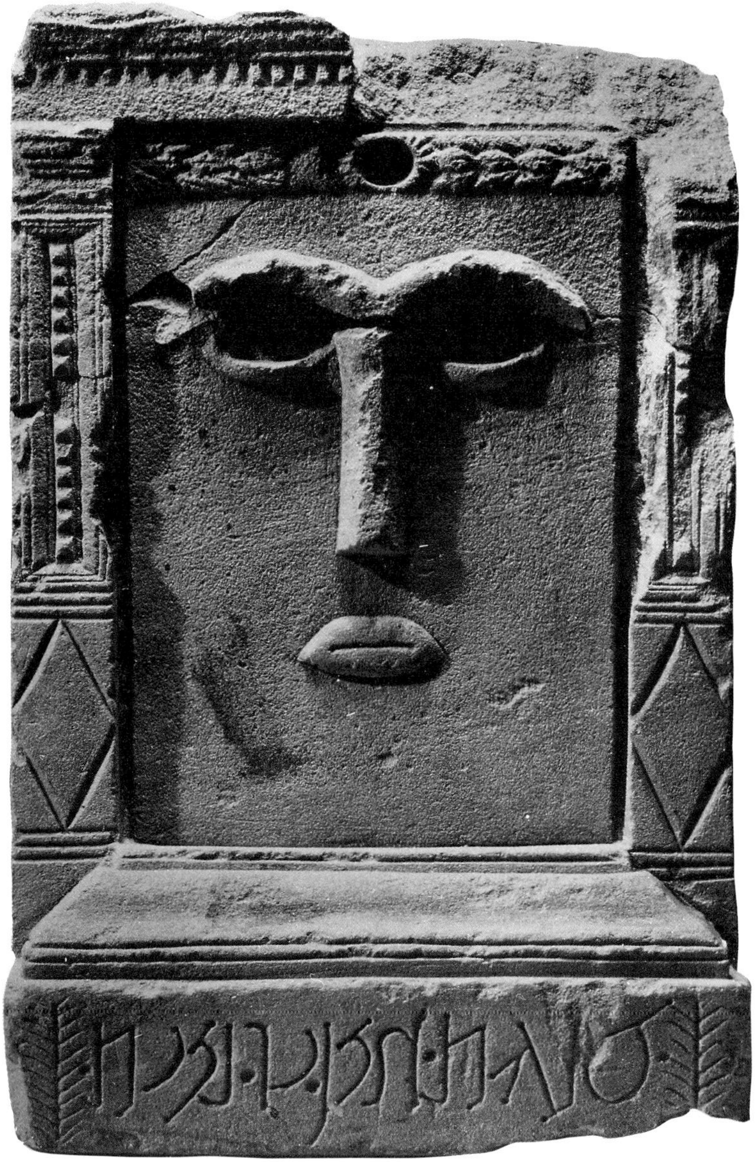

Fig. 5 *Pétra, idole stylisée de la déesse Al-Ouzzâ,*
« La Forte ». Grès. Musée d'Amman.

théon : autour d'un dieu cosmique suprême, se placent le soleil et la lune divinisés. Certaines entités divines sont clairement ressenties comme issues du cœur de l'Arabie : ainsi Ouzzâ, « la Forte », dont le caractère arabe est souligné par l'article al- qui précède son nom dans les inscriptions votives.

Bibl. : H. ibn al-Kalbi, 1952

La découverte de l'Arabie par l'Occident

L'attraction exercée par l'Arabie sur les occidentaux remonte à l'Antiquité. Des ports ménagés sur la Mer Rouge, comme Leukè Komè, ou sur le Golfe, commerçaient avec des navires grecs, lancés dans la navigation autour de l'Afrique dont quelques récits (Périple de la mer Erythrée) nous conservent le souvenir, tandis que des inscriptions sud arabiques gravées à Délos ou à Cos témoignent du passage d'Arabes en mer grecque. Historiens et géographes classiques nous ont laissé des descriptions des coutumes sociales, de l'environnement physique, des croyances religieuses du monde arabe : Ptolémée, Strabon, qui écrivait à l'époque d'Auguste, Pline l'Ancien dans l'introduction de son *Histoire Naturelle* rédigée sous le règne des Flaviens, ont distingué les principales régions : l'Arabie Pétrée, au nord-ouest (du Sinaï à la Transjordanie), l'Arabie Déserte (y compris le désert de Syrie) et l'Arabie Heureuse, au sud de la péninsule. Après l'arrivée de l'Islam, l'Arabie fut longtemps interdite aux Occidentaux ; quelques-uns s'y risquèrent, tels peut-être John Cabot vers 1480 ou surtout Lodovico di Varthema : parti de Venise en 1503, il se rendit à Alep, Damas puis Médine et La Mecque et jusqu'à Sanaa. Sa narration, fidèle et objective, a inspiré nombre de ses successeurs en Orient. Au moment même ou l'italien pénétrait au cœur de l'Arabie, le célèbre explorateur Vasco de Gama, après avoir fait le tour de l'Afrique, longeait par le sud les côtes de la Péninsule en se rendant aux Indes. Le chevalier Laurent d'Arvieux, Marseillais versé dans les langues orientales, envoyé comme consul de France à Alep en 1679, y demeura jusqu'en 1686. C'est là qu'il eut la possibilité d'approcher des Arabes nomades et d'étudier leurs mœurs, dont il a rendu compte dans son *Voyage dans la Palestine vers le Grand Emir Chef des Princes Arabes du Désert connus sous le nom de Bédouins,* publié à Paris en 1717.

A partir du siècle des lumières, des contacts plus réguliers s'établirent, souvent encore au prix de mille dangers. Il faut citer Joseph Pitts, sans

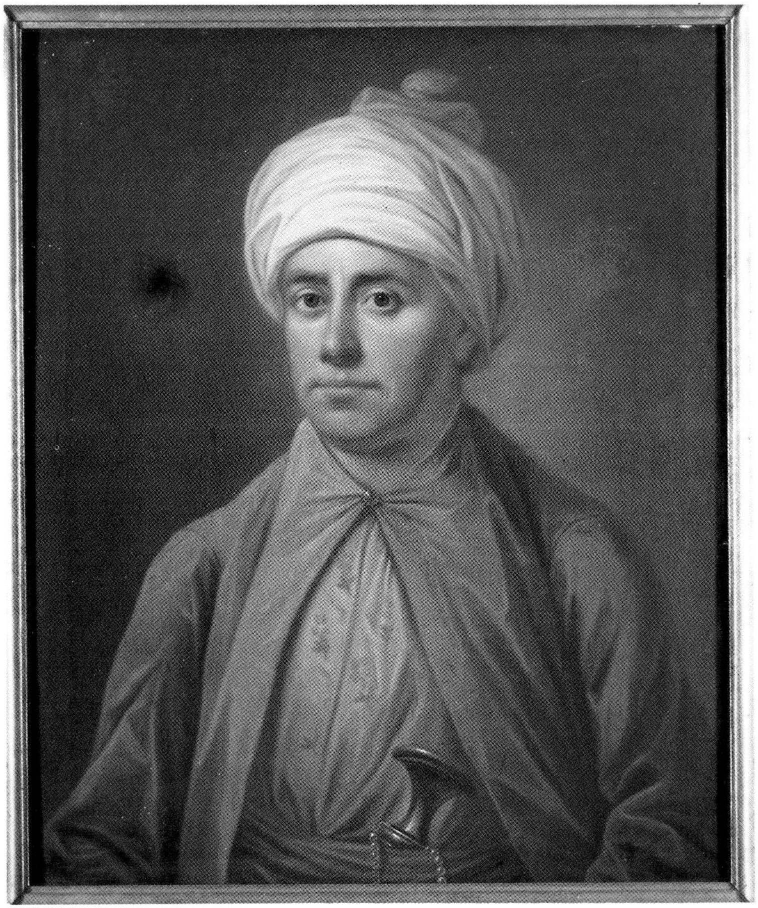

Fig. 6 *Carsten Niebuhr* (1733-1815).
(Cliché Nationalhistoriske Museum Frederiksborg, Hillerød)

doute le premier britannique, John Cabot mis à part, à se rendre en Arabie en 1678 ; Carsten Niebuhr (1733-1815) (fig. 6) fut le seul survivant d'une expédition scientifique envoyée en Arabie par Frédéric V de Danemark. Il traversa l'Arabie du sud, se rendit en Inde puis revint par le Golfe et la Mésopotamie. Son *Voyage* (1792) fut traduit en plusieurs langues et contribua grandement à attirer l'intérêt du public occidental pour l'Arabie. Le Suisse Jean-Louis Burckhardt (Lausanne 1784 - Le Caire 1817) premier européen à pénétrer dans les villes saintes de l'Islam, découvrit Pétra. Charles Huber explora l'oasis de Teima, où il découvrit en 1880 la stèle du décret des dieux de Teima, mais il perdit la vie en 1884 au cours d'une autre mission. Il avait exploré une partie de la région entre Teima et Al Ula en compagnie de Julius Euting, dont les *Nabatäische Inschriften aus Arabien,* (Berlin 1885) constituent un ouvrage de base. L'écrivain Charles Montagu Doughty fut l'un des premiers Britanniques épris de la mystique de l'Islam : il fit le pélerinage à la Mecque et son *Voyage en Arabie Déserte* (1888) inspira de nombreuses vocations, dont celles de Philby et de W. Thesiger. L'ère de l'archéologie s'ouvrit avec les recherches du marquis M. de Vogüé dont l'ouvrage « Syrie Centrale : architecture civile et religieuse du Ier au VIe siècle » sanctionne les recherches menées dans le Hauran ; c'est à lui que le musée du Louvre doit ses échantillons de la culture de Syrie méridionale. Il fut suivi de René Dussaud, dont le rôle fut immense pour l'orientalisme français. Avec Frédéric Macler, il explora méthodiquement le Safa et le Djebel Druze en 1899 puis, en 1901, les régions désertiques de la Syrie moyenne, au sud de Damas. Les RR PP Jaussen et Savignac (1909 et 1914) menèrent à bien la première étude sérieuse de Médain Saleh ; vers la même date, l'expédition américaine dirigée par H.C. Butler reprenait l'étude du Hauran commencée par le marquis de Vogüé et René Dussaud : leur exploration systématique fut conduite de 1899 à 1909 pour aboutir aux monumentales publications de 1908 (New York) et 1909-1949 (Leyde).

Bibl. : J. Pirenne, 1958

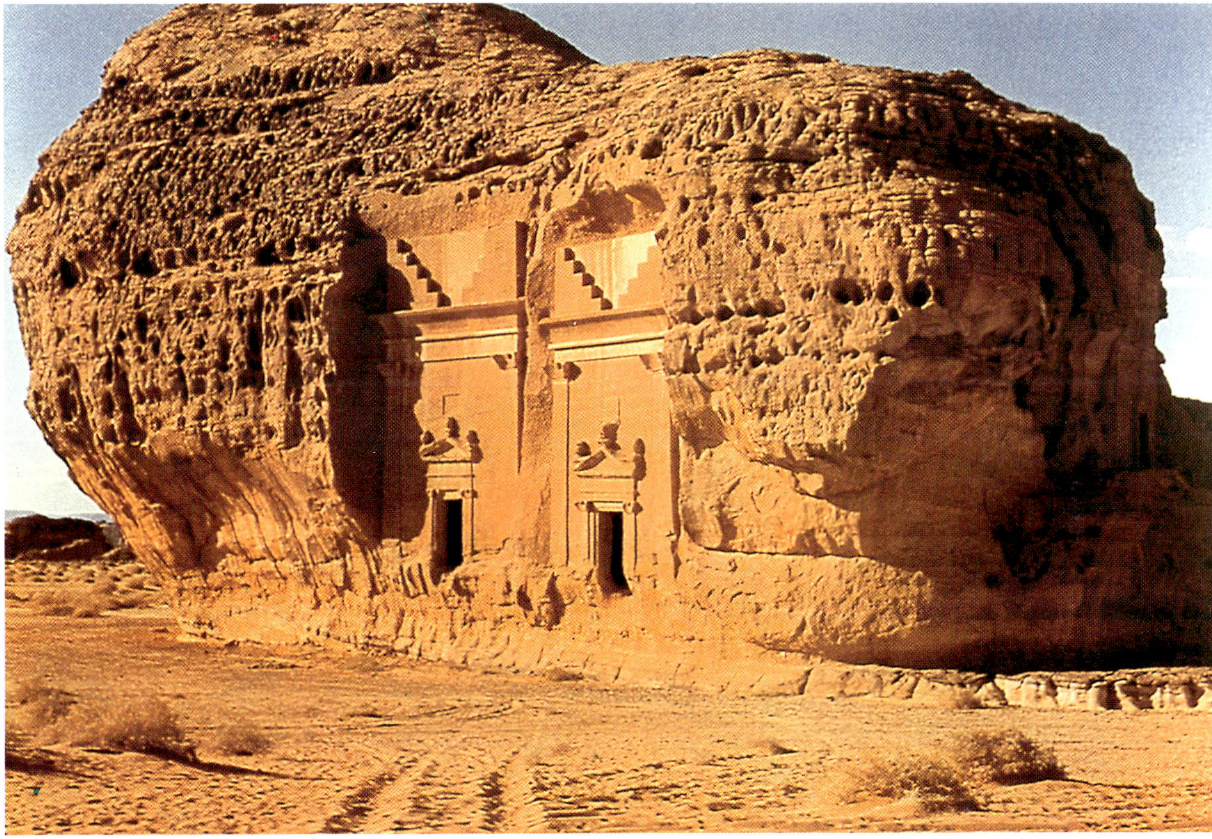

Pl. I. *Médain Saleh*

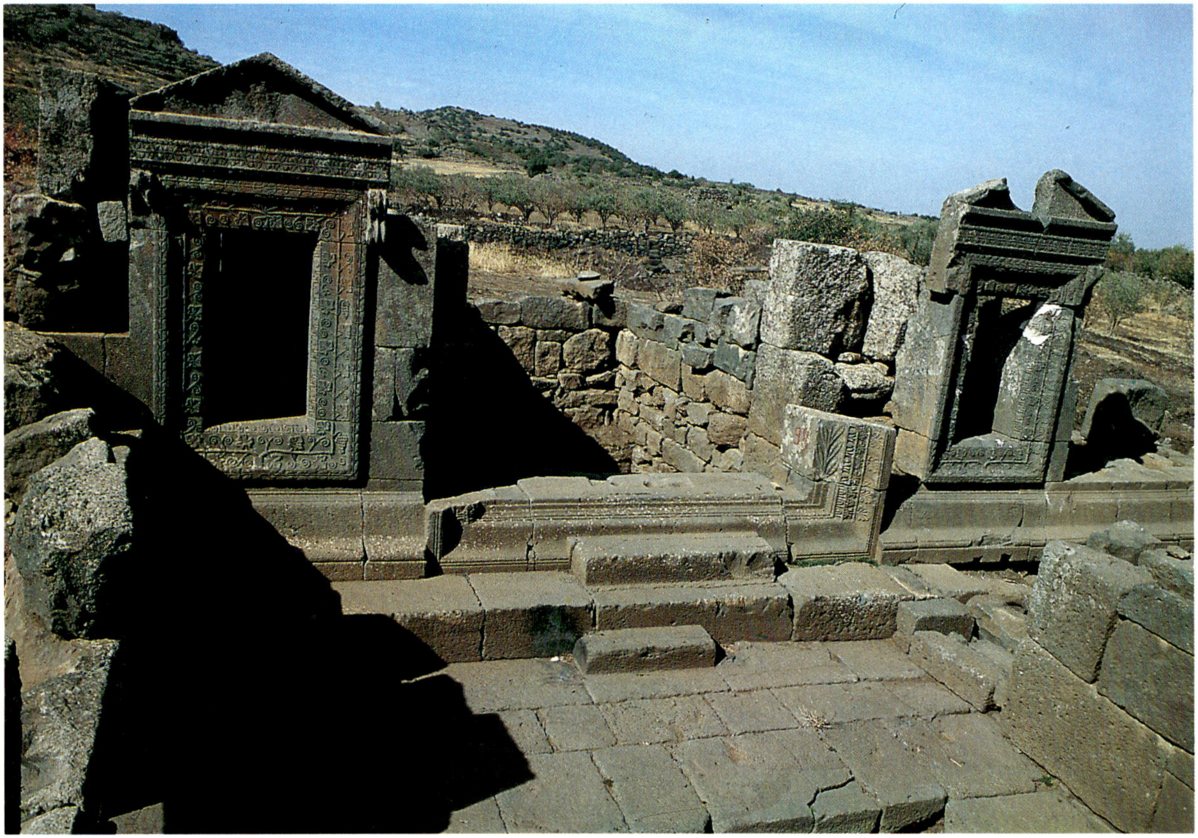

Pl. II. *Si'a, Hauran*

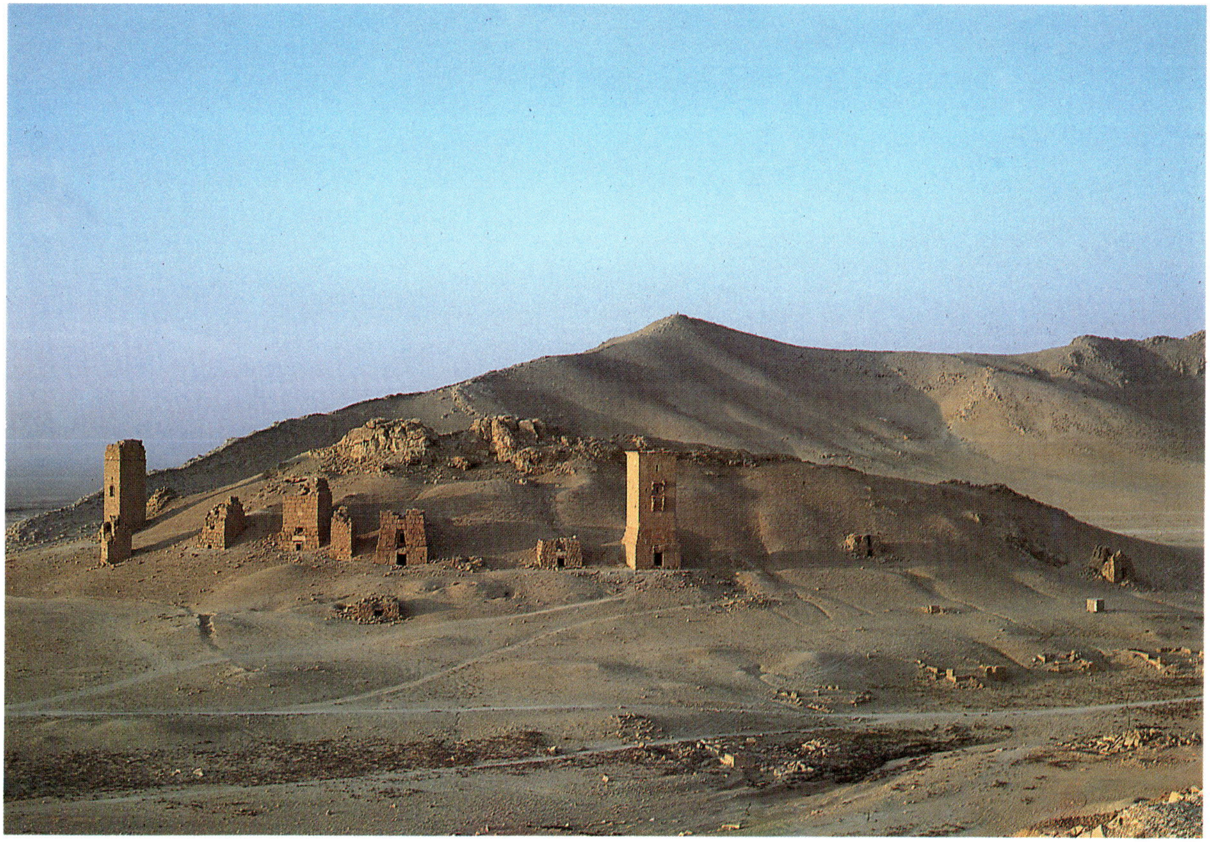

Pl. III. *Vallée des tombeaux à Palmyre*

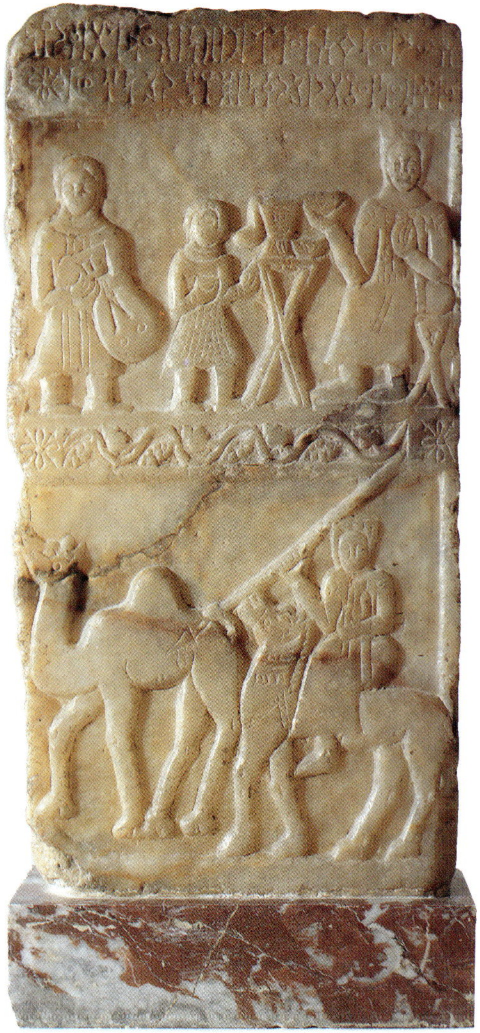

Cat. 3
Stèle du chamelier 'Idjl
Albâtre
Yémen

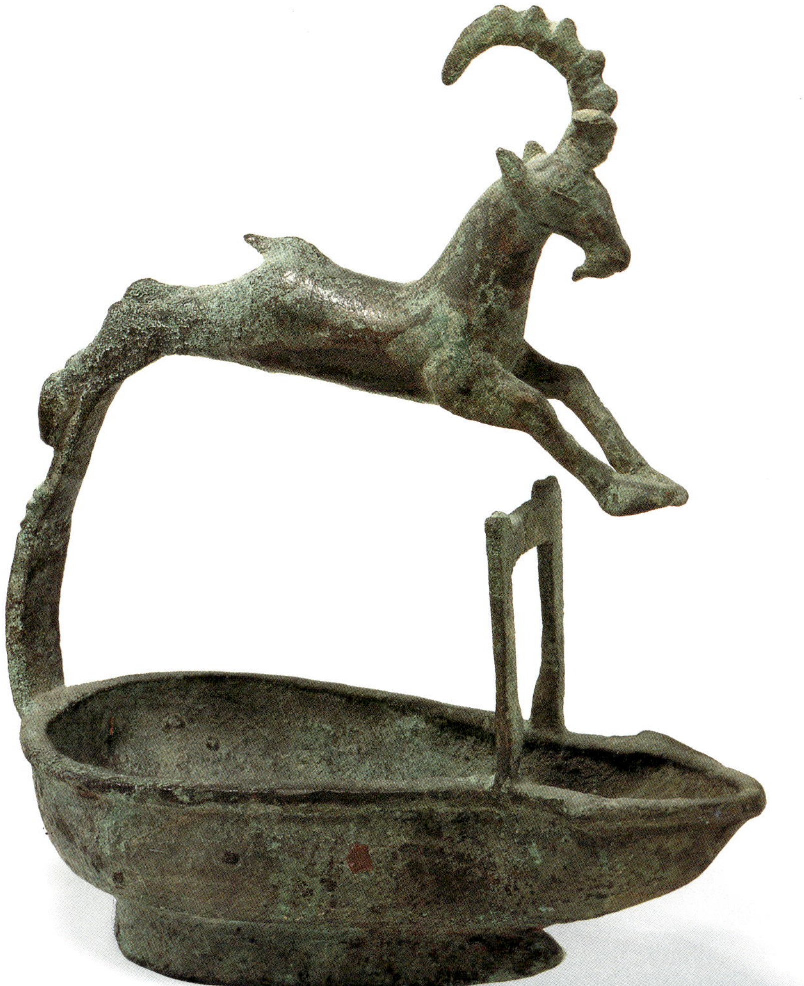

Cat. 8
Lampe au bouquetin
Bronze
Hadramawt ?

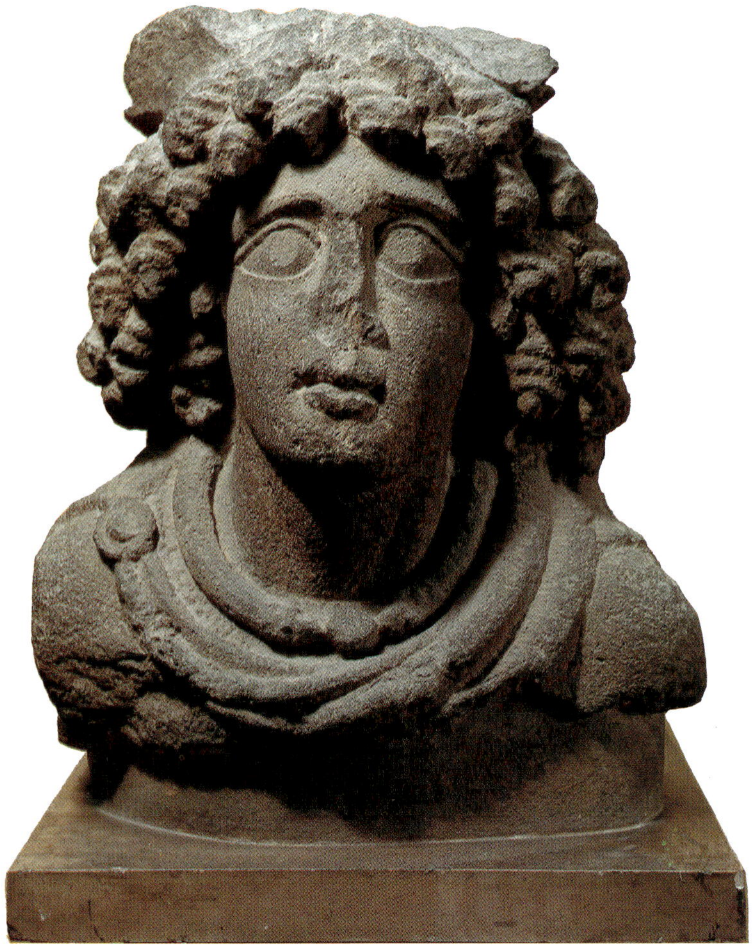

Cat. 20
Buste au torque
Basalte
Hauran

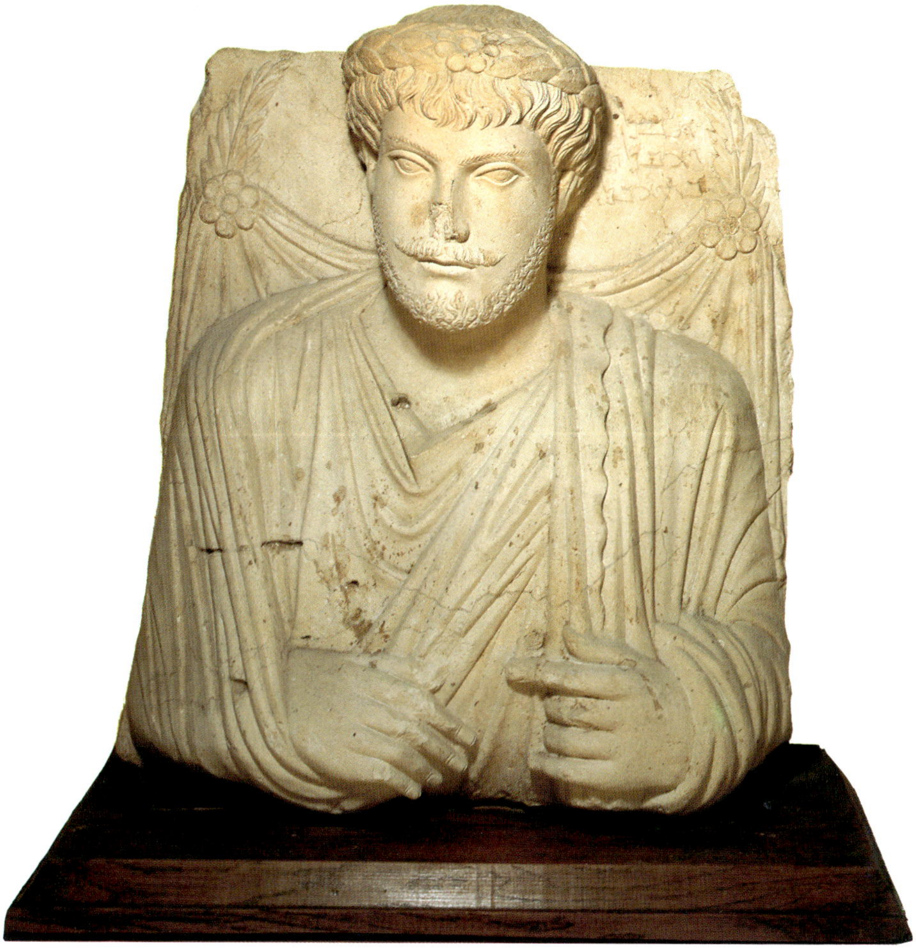

Cat. 33
Portrait de Wahballat
Calcaire
Palmyre

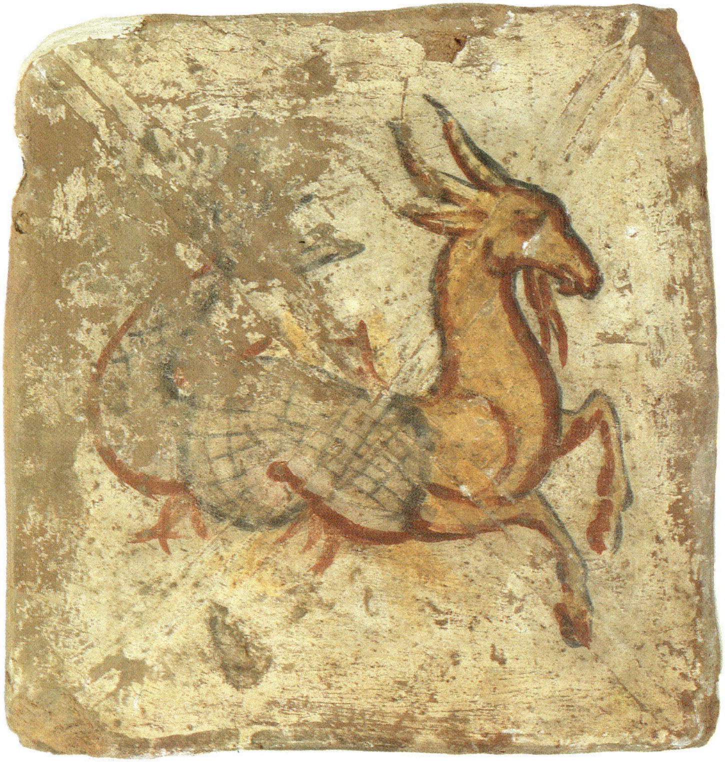

Cat. 46
Carreau au sagittaire
Terre cuite peinte
Doura Europos

Yémen

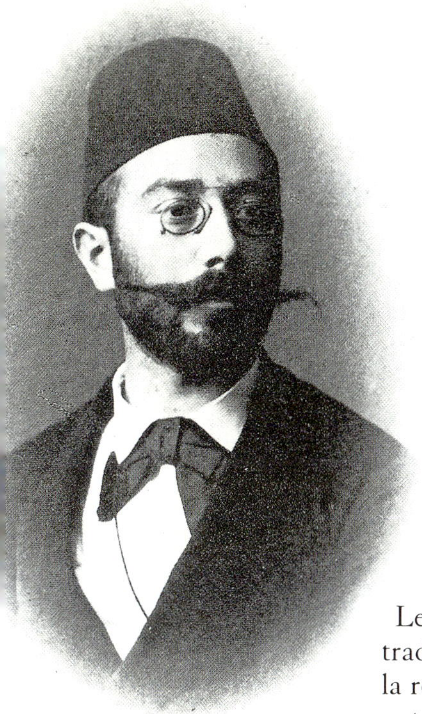

Eduard Glaser (1855-1908)

Les séjours au Yémen de poètes comme Rimbaud ou Paul Nizan traduisent l'attraction exercée sur l'imagination occidentale par le pays de la reine de Saba, l'antique Arabie Heureuse. Les voyageurs occidentaux en ont tracé des descriptions dès le XVIIIe siècle : membre de l'expédition danoise en Arabie, Carsten Niebuhr en rapporta une relation qui est aujourd'hui un classique ; le pharmacien français Thomas Joseph Arnaud, attaché à un régiment égyptien, parvint jusqu'à Marib en 1843. Joseph Halévy effectua en 1869, pour le compte de l'Académie des Inscriptions et Belles Lettres, une mission consistant à copier des inscriptions antiques, sous la protection des communautés juives du Yémen. L'autrichien Eduard Glaser (1855-1908), parmi les premiers, rapporta des inscriptions sud-arabiques en Europe. L'essentiel de la collection du Louvre est dû aux envois de Pierre Bardey, négociant à Aden, entre 1909 et 1919.

Les monuments et les inscriptions nous restituent le souvenir d'une civilisation vivant à la fois de l'agriculture et du commerce caravanier ; villes fortifiées, palais et temples règnent sur des villages de plus modestes dimensions. L'organisation agricole entraînait d'énormes travaux, canaux, barrages avec leurs écluses : quelques ruines et surtout les inscriptions commémorant l'inauguration de ces travaux hydrauliques, subsistent ; des traces de champs ainsi que des bornes de limites de champs témoignent de l'existence de cultures irriguées dans des zones aujourd'hui désertées.

Des autels à encens portent le nom des fidèles, de leurs dieux et des aromates qu'ils offraient à leurs divinités. Ils nous rappellent que l'encens, résine tirée d'un arbuste, le *Boswellia sacra,* fut une des spécialités les plus recherchées de l'Arabie Heureuse.

L'écriture dite sud-arabique est caractéristique du Yémen antique : elle fut formée au cours du Ier millénaire av. J.-C., après la division en deux familles sémitiques nord et sud vers la fin du IIe millénaire ; cette écriture traduit la volonté de chefs de tribus de se doter des prérogatives et des instruments de la royauté. Les documents écrits commémorent les grandes constructions publiques et privées, les dédicaces aux dieux, le rang social des morts ; on les trouve le long des pistes caravanières qui sillonnent l'Arabie et, d'une manière générale, partout où se trouvent des rochers : nombreux sont les graffitis gravés sur les falaises ou sur les galets. Les inscriptions sud-arabiques mises au jour en Egypte (à Memphis) et jusque dans les îles grecques (à Délos) sont la marque de l'esprit d'entreprise des marchands sud-arabes.

BIBL. : W. Daum, 1988

EXP. : Paris, 1980

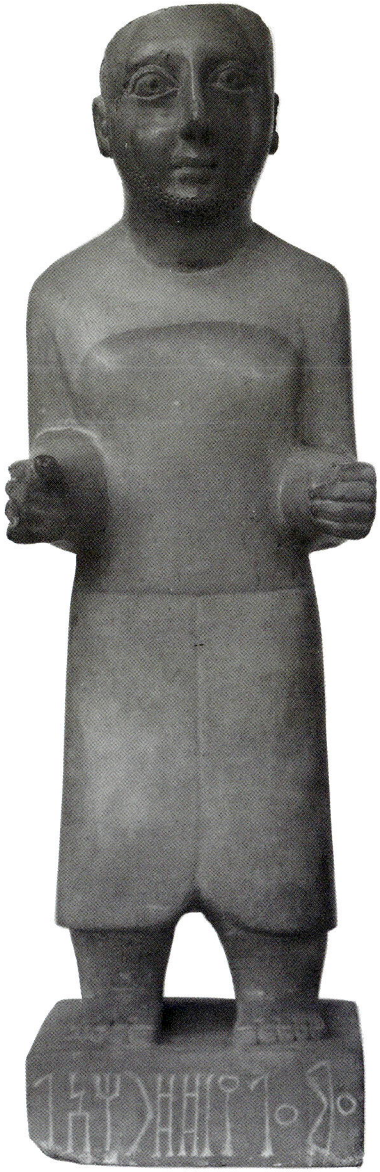

Statue of Amma'lay of the Derah'il clan, bearing an offering.

1

Statue de 'Amma 'alay du clan de Dharah 'il

Yémen, IIe s. av. J.C.

Albâtre. H 45,5 ; L 11 cm
AO 20282

Le personnage est dans l'attitude du porteur d'offrande, les bras tendus. Il est vêtu d'une tunique longue, des points incrustés de bitume marquent sa barbe et sa moustache. Son nom et celui de son clan sont inscrits sur le socle. Cette statue est comparable à celles qui furent découvertes dans le royaume de Qataban, et qui datent des IIe-Ier siècles avant notre ère.

BIBL. : exposition Paris, 1980, fig. 1

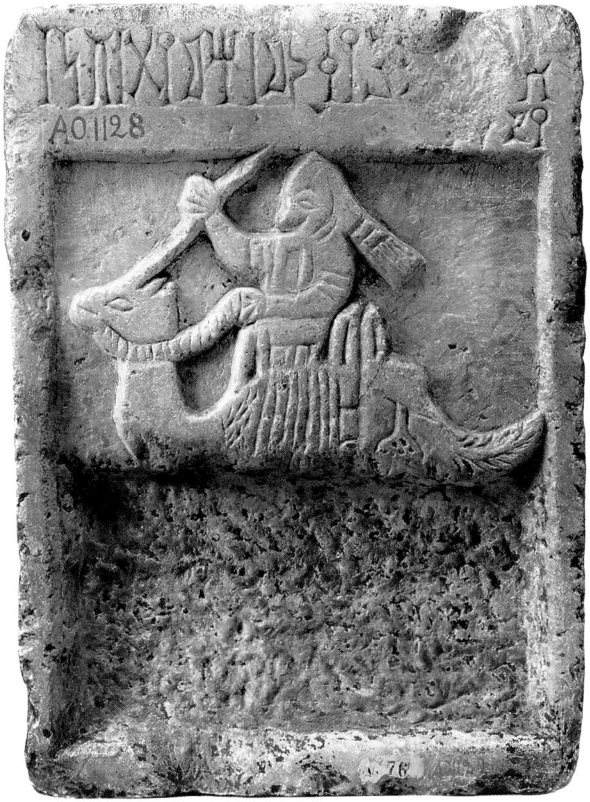

Stele of a cameleer, a caravan leader.

2
Stèle d'un chamelier
Yémen, IIe-IIIe siècles ap. J.C.

Albâtre. H 27 ; L 20 cm
AO 1128

Cette stèle montre un chamelier poussant sa monture avec un bâton. L'inscription en dialecte sabéen est une dédicace à un dieu. Le monument a dû être remployé et une cupule a été creusée à la base.

Bibl. : CIS IV 708 ; exposition Paris 1980, fig. 18

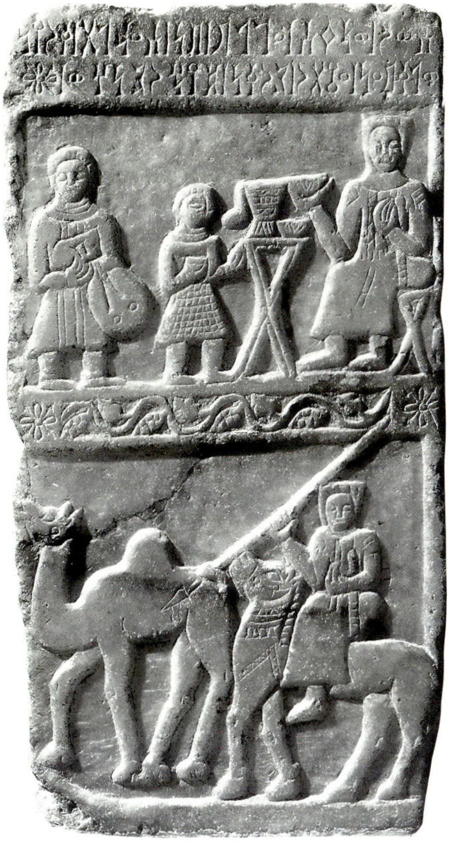

Stele of the cameleer 'Idjl.

3

Stèle du chamelier 'Idjl

Yémen, IIe-IIIe siècles ap. J.C.

Albâtre. H 55 ; L 29 cm
AO 1029

La stèle est divisée en deux registres séparés par un rinceau et des rosettes. En haut, une scène de banquet, le personnage principal, sans doute le défunt, est assis devant un guéridon chargé de mets tandis qu'un petit serviteur apporte à boire. Un musicien joue du luth. Les images de banquets en musique appartiennent à une vieille tradition iconographique orientale : elles marquent le haut rang social du défunt. Le registre inférieur de la stèle montre un chamelier monté poussant devant lui une deuxième monture vide : il s'agit d'une scène de raid de chameau, exploit fréquemment perpétré en Arabie et dont le défunt était suffisament fier pour s'en vanter sur sa tombe. L'inscription en dialecte sabéen nous apprend qu'il s'agit du monument « de 'Idjl, fils de Sa'dlat le Qaryote », des noms nord-arabes et appelle la malédiction du dieu « 'Athtar l'oriental » sur qui la détruirait.

Bibl. : CIS IV 445 ; exposition Paris 1980, fig. 18 ; Macdonald 1991

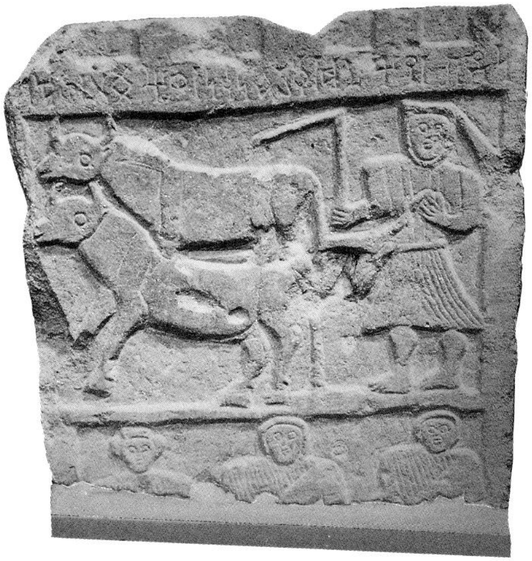

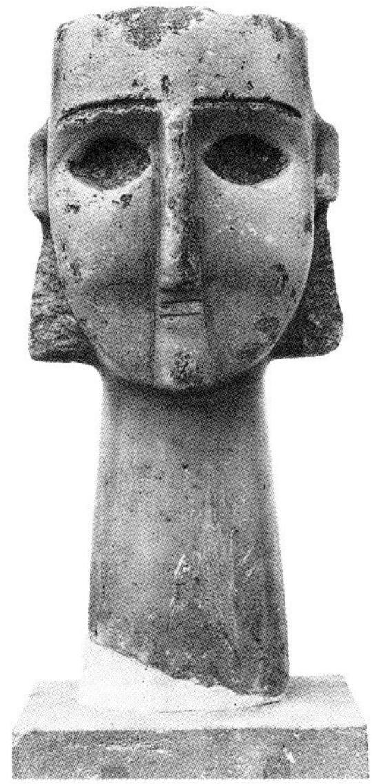

4
Stèle du laboureur
Yémen, IIe-IIIe siècles ap. J.C.

Albâtre. H 31,5 ; L 33,5 cm
AO 5965

Ce fragment de stèle comportait plusieurs registres. En bas, les bustes de trois personnages, sans doute les défunts désignés par l'inscription « Yahmad Qashafriqan, Hassat et Khalkarib ». Au centre, une scène de labour avec deux bœufs.

Le banquet comme la présence de bovins, bétail plus cher que les chèvres et les moutons, sont des indicateurs de richesse et de rang social en Arabie Heureuse.

Bibl. : exposition Paris 1980, fig. 17

Tomb stele of a family of landowners, with scenes of a banquet and tilling.

5
Stèle avec masque humain
Yémen, IIIe-IIe s. av. J.C.

Albâtre. H 22,5 ; L 10,5 cm
AO 4745

La technique de sculpture la plus ancienne au Yémen consiste en bétyle ou pierre dressée animée par deux yeux, un nez, une bouche stylisés. Cet objet est une évolution du type primitif, avec un masque humain schématisé (peut-être une femme ?) posé sur un très long cou. Les yeux et les sourcils étaient incrustés.

Bibl. : exposition Paris 1980, fig. 13

Stele. The stylised mask shows the evolution from abstract art in the Arab tradition towards human representation.

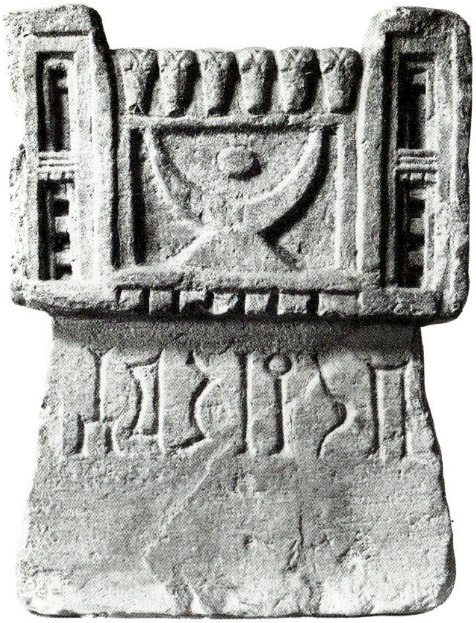

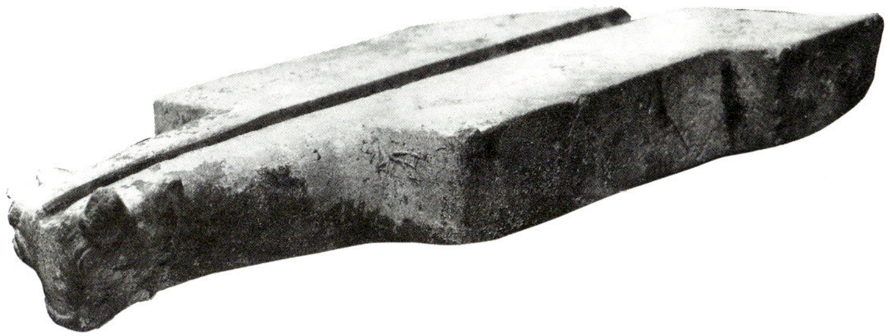

6
Autel à encens
Yémen, IIe s. ap. J.C.

Calcaire. H 30 ; L 24 cm
DAO 19 (dépôt du musée Borely, Marseille)

Les autels à encens ou brûle-parfums faisaient partie du mobilier des sanctuaires. Ils portent le nom des dédicants et une image symbolique de la divinité à qui ils étaient dédiés. Celui-ci se présente sous la forme d'une architecture en réduction, peut-être la maquette d'un temple, dont le linteau est décoré d'une frise de têtes de bouquetins. Dans la niche, le signe du croissant et disque solaire correspond à la dédicace : « baray Shams, offert à la déesse soleil ».

Bibl. : exposition Paris 1989, fig. 11

Incense altar in the form of a model of a temple, decorated with sacred emblems: ibex heads and the solar disc.

7
Table à libation
Timna ? IIe s. ap. J.C. (?)

Calcaire. H 6 ; L 27,5 cm
AO 20179

Les tables à libation, autre élément du mobilier de sanctuaires, comprennent une dalle plate creusée d'une gouttière. Quelquefois, un animal, attribut de la divinité, fait partie du décor : ici une tête de taureau, emblème du dieu Almaqah. Une table à libation très semblable a été retrouvée dans les fouilles de Qaryat al Fauw.

Bibl. : exposition Paris 1980, fig. 10

Libation table with a groove for the sacrifical fluids to flow away. The bull's head is the emblem of the god.

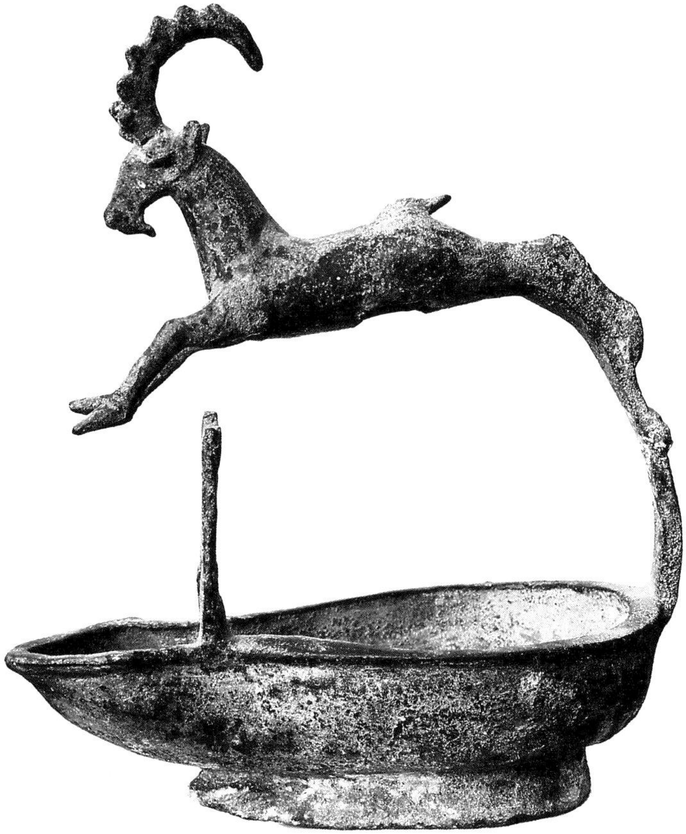

8
Lampe avec anse en forme de bouquetin
Hadramawt ? IIe s. ap. J.C. (?)

Bronze. H 21,5 ; L 17,5 cm
AO 4692

Le mobilier des sanctuaires comportait également des lampes : l'image de bouquetin bondissant qui décore l'anse fait probablement allusion à l'animal attribut d'une divinité.

BIBL. : exposition Paris, 1980, fig. 20

Oil lamp in the shape of an ibex, the attribute of a god.

L'Arabie du Nord-Ouest

Cette région correspond à l'Arabie Pétrée des géographes Grecs ; par sa proximité avec le littoral syro-palestinien, et les fréquents conflits avec les tribus qui occupaient ses abords, c'est la partie de l'Arabie qui apparaît le plus souvent dans les textes bibliques.

Cet espace immense touche à l'ouest au plateau du Hejaz ; le Wadi Sirhan et l'oasis d'el Jawf, à l'est, donnent accès au cœur de l'Arabie, en permettant de franchir le désert du Néfud ; d'autres voies, le long de la Mer Rouge ou, plus à l'intérieur, la route de pélerinage de Damas à la Mecque qui passe par Médain Saleh et l'Oasis de Teima, pénètrent cette région ; elle recèle, avec Médine et La Mecque, les hauts lieux qui servirent de berceau à l'Islam.

L'occupation permanente de certaines cités fortifiées comme el Jawf et Teima, remonte certainement au IIe millénaire (au moins). Au Ier millénaire, la tradition biblique et les mentions historiques, en particulier les annales assyriennes, se multiplient : le pays de Madian couvrait au Ier millénaire avant notre ère approximativement le nord-ouest de la péninsule arabique, entre le Golfe d'Aqaba et la rive sud-est du Jourdain ; c'est là que, selon la Bible, Moïse se réfugia après avoir échappé à Pharaon, et c'est là qu'il prit femme. Des Madianites nomades auraient emmené Joseph en captivité en Egypte. Cette région fut ensuite englobée dans le territoire nabatéen. Plus au sud, les Dédanites, des marchands qui faisaient commerce de « tissus précieux pour les chars » (Ezechiel 25 :13 et 38 :13 ; Jérémie 25 :23 et 49 :8) avaient sans doute pour capitale Al Ula.

Médain Saleh

Cet ensemble spectaculaire était déja connu des géographes Grecs sous le nom de Hégra. Les historiens Arabes l'ont depuis longtemps identifié à la capitale du pays de Madian, mais il fallut attendre Doughty pour que l'Occident ait la révélation de Medain Saleh, avant les travaux plus scientifiques accomplis par les RR.PP. Jaussen et Savignac en 1907.

C'est aux Nabatéens que Médain Saleh doit sa physionomie d'aujourd'hui, avec ses falaises creusées de tombeaux monumentaux (pl. I, p. 25) aux façades architecturales, qui portent la marque de l'inspiration hellénistique. La zone cultivée dans l'Antiquité, dont on peut reconnaître les traces en photographie aérienne, s'étendait autour de la cité, ceinte d'un rempart aujourd'hui peu visible. La religion à Médain Saleh conserve la marque de traditions préislamiques anciennes comme en témoignent le culte des stèles ou pierres dressées, ou la présence de l'aigle sur les façades des tombes, aigle que nous retrouverons également dans le Hauran.

Bibl. : A. Jaussen et R. Savignac, 1909 et 1914
Exp. : 1978-1979.Abdullah H. Masry, 1975

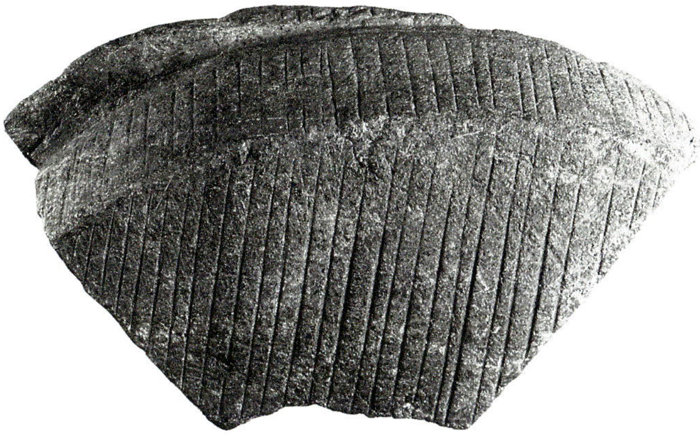

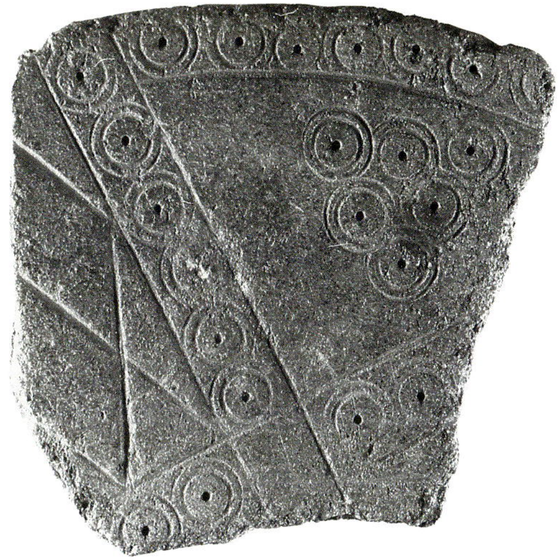

9

Fragment de plat à décor gravé
Médain Saleh, don Paul Gaudin
1920. IIe-Ier siècles av. J.C.

Stéatite. H 4,2 ; D. restitué 22 cm
AO 7480

La vaisselle en pierre tendre est très caractéristique de l'Arabie durant les IIe et Ier millénaires. Le décor gravé est toujours simplement géométrique, le cercle pointé est le motif le plus fréquent. Les fouilles récentes de la côte orientale de la péninsule ainsi qu'à Qaryat al-Faw permettent d'en établir une chronologie plus précise.

Steatite dish with an engraved design. This stone vessel is characteristic of northwestern Arabia.

10

Fragment de couvercle à décor gravé
Médain Saleh, don Paul Gaudin
1920. IIe-I^{e}r siècles av. J.C.

Stéatite. H 1,2 ; D. restitué 25 cm
AO 7480

Voir le n^{o} précédent.

Lid of a steatite box.

L'oasis de Teima

Teima est un des sites les plus anciens et les plus importants de l'Arabie du nord-ouest. Cette oasis fertile fut très tôt occupée par des sédentaires cultivateurs ; sa situation sur une des routes cruciales entre la Méditerranée et le centre de l'Arabie lui valut aussi très vite une grande importance politique : les ruines imposantes du rempart antique témoignent encore de nos jours de l'importance stratégique de Teima. L'épisode le plus célèbre de son histoire est celui du séjour de Nabonide (VIe s. av. J.C.) : le dernier roi de Babylone, selon la relation qu'il en laissa lui même à Harran (actuelle Turquie), quitta sa capitale pour des raisons obscures, se retira durant dix ans à Teima dont il aurait détroné le dynaste local et construisit un palais à l'égal de celui de Babylone.

Charles Huber explora l'oasis de Teima en 1884 ; il fut assassiné par les nomades, mais ses papiers et quelques antiquités furent rapportés par M. de Lostalot, consul de France à Djedda, qui en fit don au Louvre. Huber découvrit notamment la stèle araméenne retrouvée dans un monumental puits antique, Aïn Haddaj. La stèle porte une longue inscription en araméen de graphie locale ; sur la tranche figure une scène montrant un prêtre en adoration devant un autel. Le texte est un décret introduisant le culte du dieu Salm au sein des dieux de Teima ; un prêtre, Salm-Shezib, fils de Pet-Osiris (au nom égyptien), est chargé de la mise en application de ce nouveau culte. La stèle de Teima découverte par Huber est un précieux témoignage du syncrétisme arabe.

Bibl. : Abdullah H. Masry, 1975

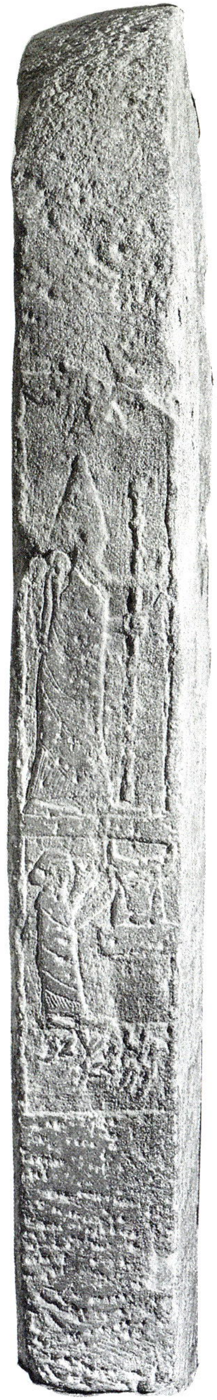

Stèle de Teima, détail : un prêtre devant
un autel. (Louvre AO 1505)

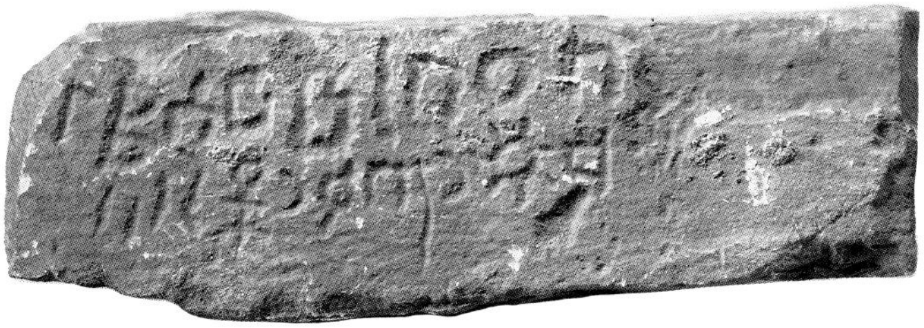

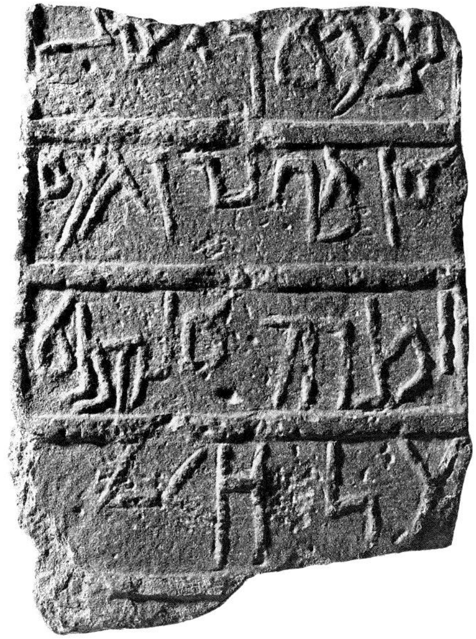

11
Inscription en écriture de Teima
Teima, mission C. Huber, 1884.
Ve s. av. J.C. (?)

Grès. H 12 ; L 40 cm
AO 5010

La pierre fut découverte par Huber dans le mur d'une tour de garde à l'extérieur de Teima. La langue de ce texte est le teimanite, qui est apparenté à l'arabe et était le langage local des habitants de l'oasis, co-existant avec l'araméen, qui était utilisé, lui, pour les documents officiels. L'écriture est l'un de ces alphabets nord-arabiques apparentés au sud-arabique, collectivement appelés « Thamoudéens ». L'inscription se lit « Par Sagag, fils d' 'Abd-Osiris, fils de Qursan ». Ce nom d'Abd-Osiris, « adorateur d'Osiris », avec son élément sémitique accolé à un nom de dieu égyptien, symbolise le syncrétisme religieux présent à Teima.

Michael C.A. Macdonald

Thamudic inscription from Tayma, Vth cent. BC.

12
Stèle du vœu d'Azimu
Teima, mission C. Huber 1884.
Ier s. av. J.C.

Pierre. H 36 ; L 26 cm
AO 26599

L'inscription est en relief sur le fond divisé par des réglures également en relief : cette technique se rencontre plusieurs fois dans les inscriptions de l'oasis de Teima. L'écriture est une variante locale de l'écriture nabatéenne de Pétra. Il s'agit du vœu fait par Azimu, fils de Rag'a, « pour la vie » d'un personnage dont le nom manque, sans doute un roi de Nabatène. Le vœu est fait à la déesse Tarreh, qui apparaît comme la grande déesse de l'oasis.

Bibl. : CIS II, 336 ; J.T. Milik in exposition Lyon 1978-79, n° 70

Stele of the oath of Azimu, son of Rag'a to Tarreh, a great goddess of the Tayma oasis.

Pétra et la Nabatène

Pétra est la capitale d'un royaume indigène, la Nabatène, qui accéda à la prospérité grâce au commerce caravanier reliant les mers bordières de l'Arabie à la Méditerranée. Le site est aujourd'hui célèbre pour ses tombeaux rupestres dont les façades les plus somptueuses sont inspirées de l'architecture hellénistique d'Alexandrie.

La langue des Nabatéens était à l'origine l'arabe. Au fur et à mesure de leur sédentarisation, ils adoptèrent la langue internationale du temps, l'araméen, au moins comme langue écrite, dans laquelle se trouvent des éléments arabes. Le développement d' une écriture proprement nabatéenne est lié à celui d'une identité nationale. Au cours des Iers siècles avant et après J.C., les souverains nabatéens réussirent à étendre leur domination vers le sud jusqu'à la Mer Rouge et, à l'intérieur, jusqu'au sud de Médain Saleh. Vers le nord, la Nabatène engloba l'ancien pays de Moab et une partie de la Syrie méridionale, dont le Hauran.

L'aire d'activité des marchands Nabatéens dépassa de beaucoup ce territoire et l'on retrouve des traces écrites de leur passage à travers une grande partie de l'Arabie.

BIBL. : J. Starcky, 1961
EXP. : Lyon 1978-79. « Pétra », Le Monde de la Bible n° 14

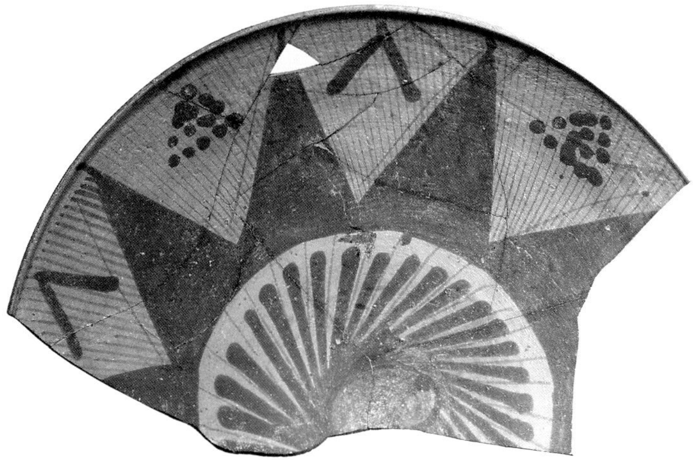

13

Coupe en céramique nabatéennne
Pétra, don Hottier 1970. Ier s. ap. J.C.

Terre cuite rouge à décor peint noir. H 5 ; D 20,5 cm
AO 24097

La vaisselle fine, à décor peint de motifs floraux stylisés, si caractéristique de la Nabatène, présente des formes influencées par la céramique hellénistique. L'extension géographique de cette poterie va du Négev, à l'ouest, aux franges du Yemen, vers le sud : cette répartiton témoigne de l'intense circulation des produits nabatéens.

BIBL. : exposition Lyon 1978-1979, n° 72

Nabataean painted ceramic bowl. Examples of this delicate pottery were exported to various parts of Arabia and Palestine.

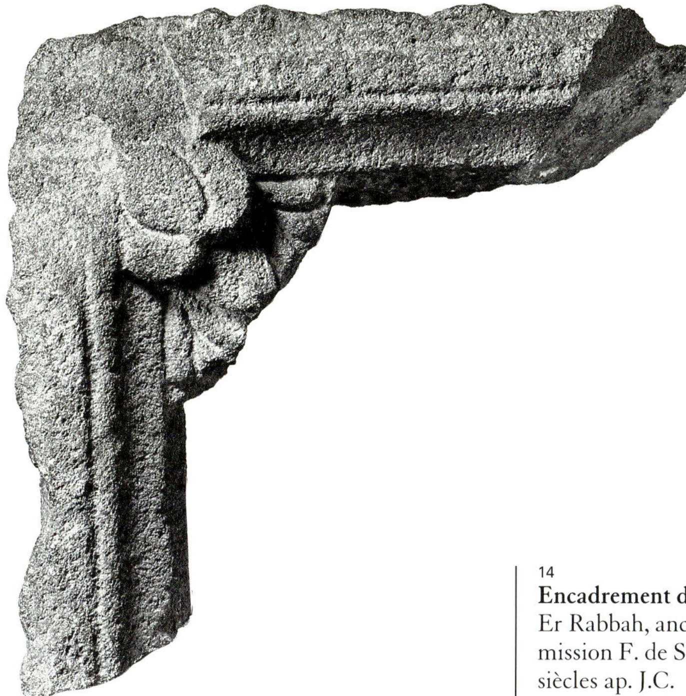

14

Encadrement de fenêtre ou de porte

Er Rabbah, ancienne Rabbat Moab, mission F. de Saulcy 1850-51 Ier-IIe siècles ap. J.C.

Basalte. H 44 ; L 40 cm
AO 5018

Ce fragment d'architecture a été recueilli par le voyageur F. de Saulcy dans un monument carré qui était peut-être un sanctuaire. L'usage du basalte pour un élément normalement en bois est très caractéristique du Hauran. L'exemple d'Er Rabbah, à mi chemin entre Pétra et le Hauran, montre les liens entre ces deux régions.

BIBL. : F. de Saulcy, 1853 I, p. 348, pl. L

Part of a window,
from Rabbat Moab.

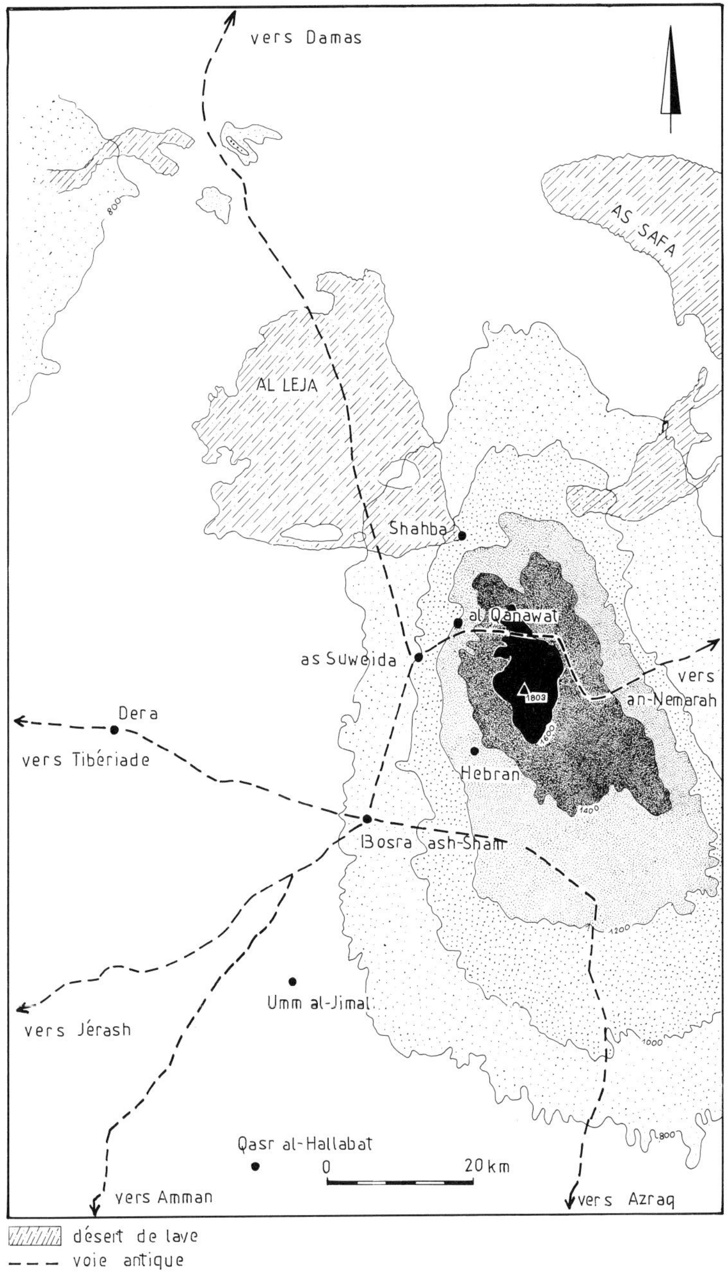

Carte de la Syrie du Sud.
(Dessin Caroline Florimont)

Bostra et le Hauran

Cette région (fig. p. 56), qui doit son unité à sa formation volcanique (fig. p. 58, 59), présente des paysages variés qui vont des couches basaltiques du Ledja et du Safa, déserts inhospitaliers et barrières difficiles à franchir, aux plateaux offrant des sols épais et fertiles dominés par le massif du Djebel Druze, plus verdoyant, qui arrête les précipitations. La région connut un important développement agricole à l'aube de notre ère, grâce à l'épierrage des champs : les murets en sont encore visibles dans le paysage actuel.

La mise en valeur agricole du Hauran fut liée à la création d'un dense réseau de villages et de routes reliant des villes, comme Kanatha, Soada, puis, sous la domination romaine, au IIIe s., Philippopolis, fondée par l'empereur Philippe l'Arabe sur le site de son village natal. Bostra, aujourd'hui Bosra, deuxième capitale du royaume nabatéen, devint en 106 ap. J.C. capitale de la province romaine d'Arabie.

L'architecture monumentale, avec ses portes de villes et ses sanctuaires, présente des techniques de construction particulières : le basalte supplée l'absence de bois jusque dans les charpentes. Le décor sculpté, chapiteaux, acrotères, encadrements de portes et fenêtres, linteaux, allie des motifs d'inspiration romaine à un style fruste mais puissant, où les influences mésopotamiennes et parthes s'ajoutent aux survivances de vieilles traditions indigènes (pl. II, p. 26).

Bibl. : J.-M. Dentzer, 1985-86

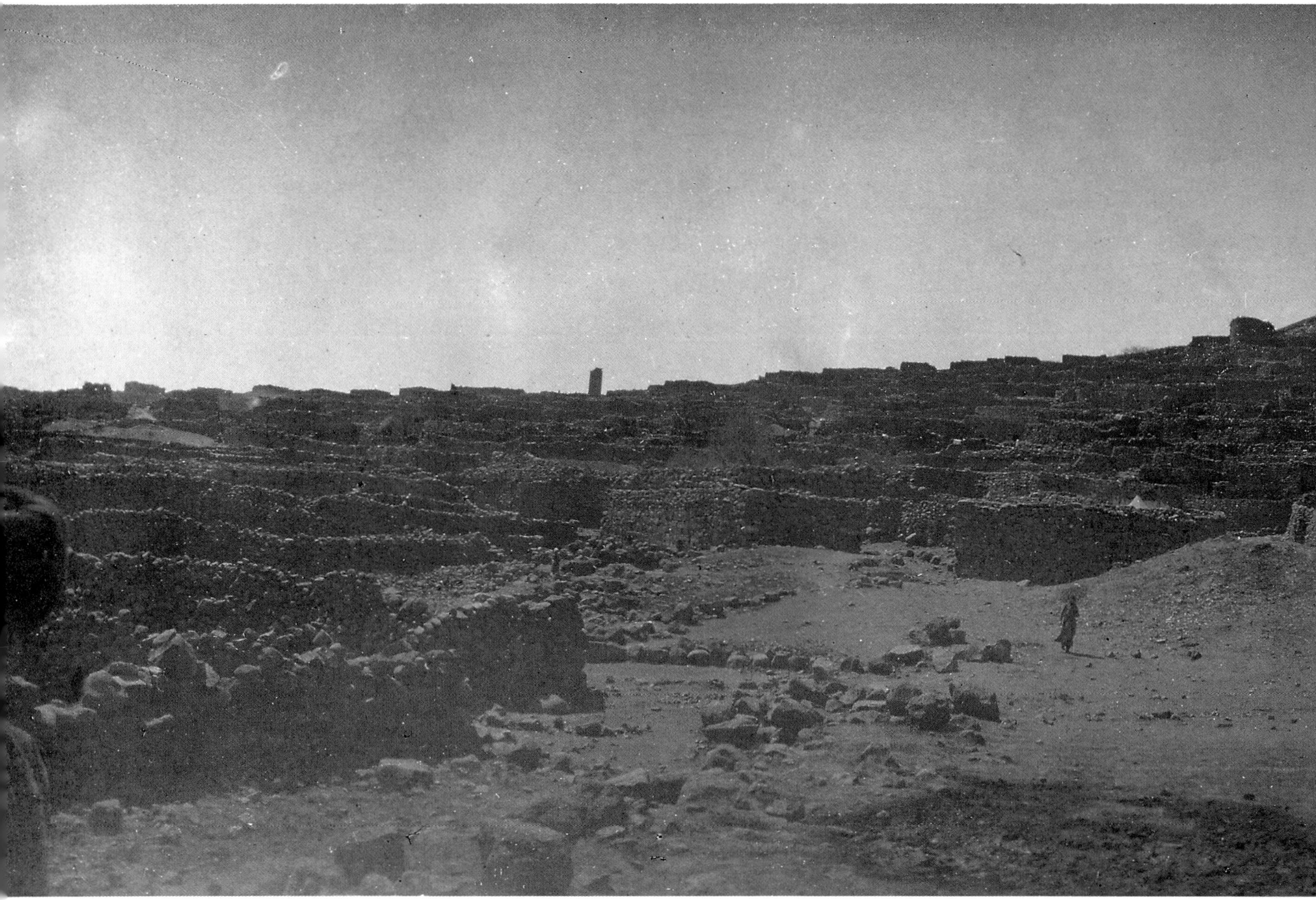

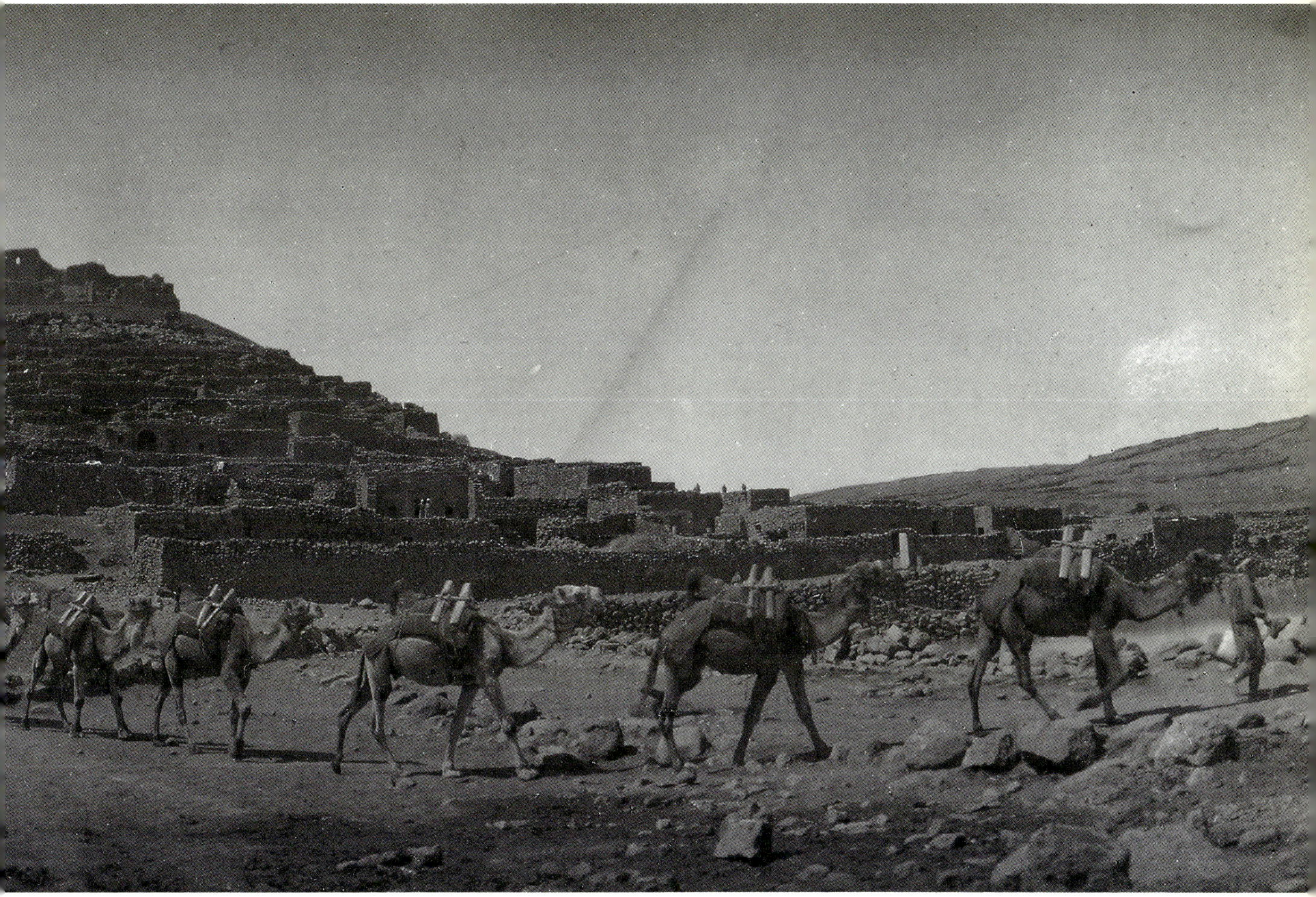

p. 58, 59 *Le volcan et le village de Salkhad,* Hauran.
(Cliché archives AO, fonds R. Dussaud)

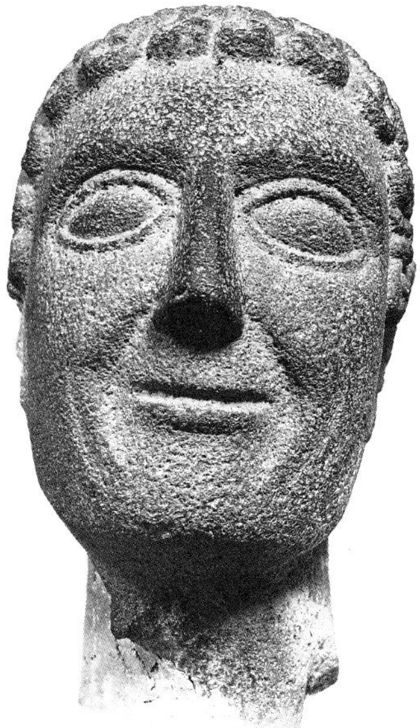

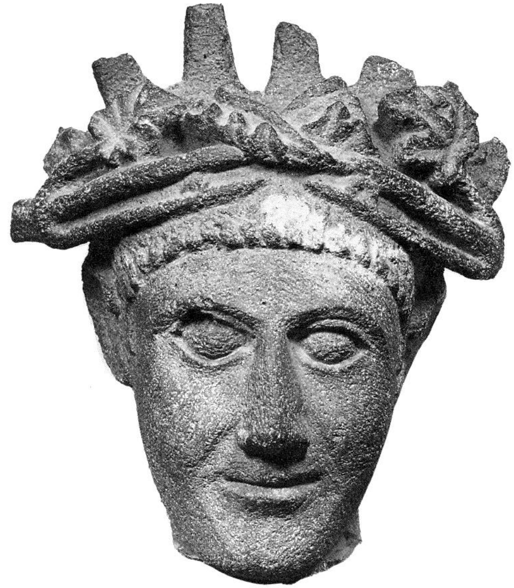

15
Tête d'homme imberbe
Si'a, temple de Beelshamên. Ier siècle av. J.C. Mission M. de Vogüé, 1861-62

Basalte. H 22 ; L 14,5 cm
AO 4996

Cette tête provient d'un haut relief du temple de Beelshamên à Si'a : elle présente encore des traces d'arrachement au niveau de la nuque. Selon M. de Vogüé, elle proviendrait de l'une des statues dont les bases inscrites au nom du constructeur du temple et de son petit-fils ont été retrouvées dans le temple.

Bibl. : M. de Vogüé, 1865-77, p. 36 ; exposition Lyon 1978-1979, n° 58 ; G. Bolelli dans Dentzer 1985-86, p. 361, pl. VIII, n° 27

Head of a man, an element from the temple of Beelshamēn at Si'a. The cult of the cosmic god, Beelshamēn, was widespread in South Syria and at Palmyra.

16
Tête de dieu solaire radié
Si'a, temple de Beelshamên. Ier s. av. J.C. Mission M. de Vogüé 1861-62

Basalte. H 16,7 ; L 20 cm
AO 4997

Cette tête radiée, sans doute une image du dieu soleil, se trouvait au centre du linteau de la porte principale du temple de Beelshamên. On peut la reconnaître sur le dessin fait par Vogüé au moment de son passage. Le monument a été presqu'entièrement détruit depuis par les villageois qui ont récupéré les pierres.

Bibl. : M. de Vogüé, Paris 1865-77 p. 34, pl. 3

Head of a solar god, an element from the temple of Beelshamēn at Si'a.

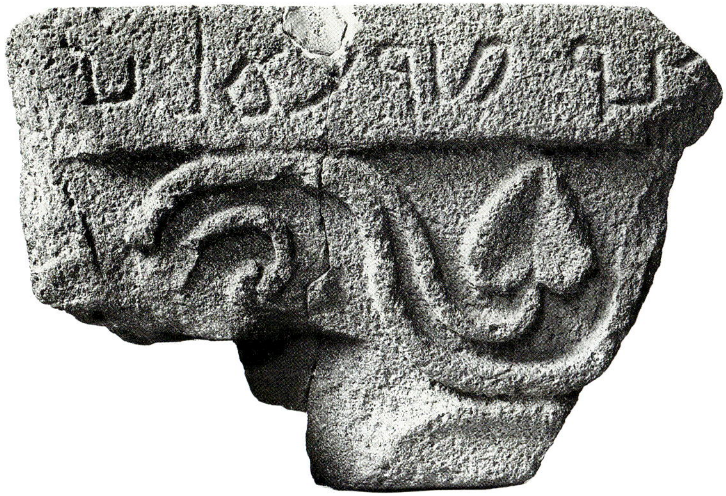

17

Vasque

Si'a, Ier s. av. ou ap. J.C. mission M. de Vogüé 1861-62

Basalte. H 20 ; L 32 cm
AO 4993

Cette vasque décorée d'un rinceau de vigne était probablement déposée en offrande dans un sanctuaire de Si'a. La dédicace nabatéenne nous donne le nom du fidèle, Tawel, un nom indigène.

Bibl. : exposition Lyon 1978-1979 nº 59

Basalt basin decorated with foliage, offered by Tawel to the temple of Beelshamēn at Si'a. The inscription is in the Nabataean alphabet.

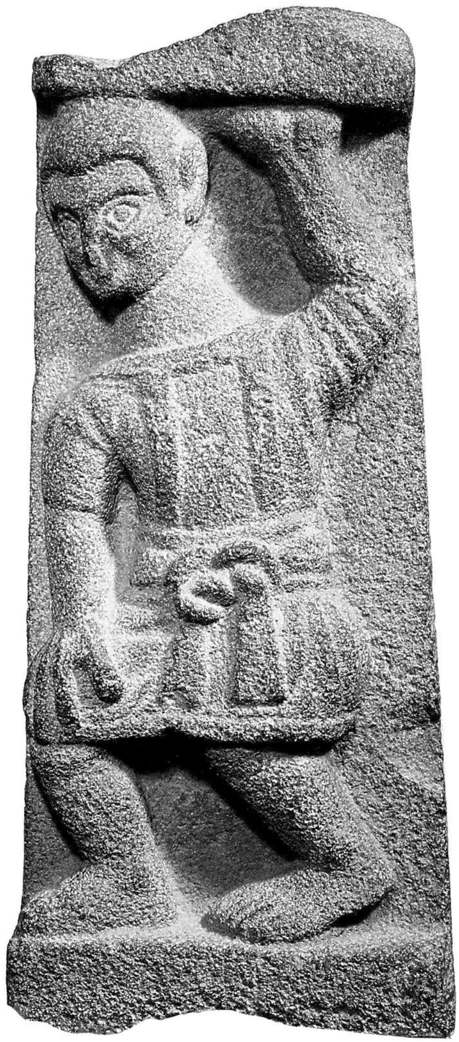

18

Atlante

Hauran, Ier s. ap. J.C. ?

Basalte. H 68 ; L 31 cm
AO 4451

Ce relief décore une des faces d'un cippe ou autel en tronc de pyramide terminé à la base et au sommet par une simple moulure. L'attitude du personnage semble évoquer l'effort du modèle pour soulever un poids au dessus de sa tête. La tunique ceinturée permet de dater ce relief, dont le caractère fruste mais savoureux est caractéristique de la sculpture du Hauran, des environs du Ier s. de notre ère.

Bibl. : exposition Lyon 1978-1979 n° 62

Pyramidal altar decorated with a figure clad in a Roman tunic.

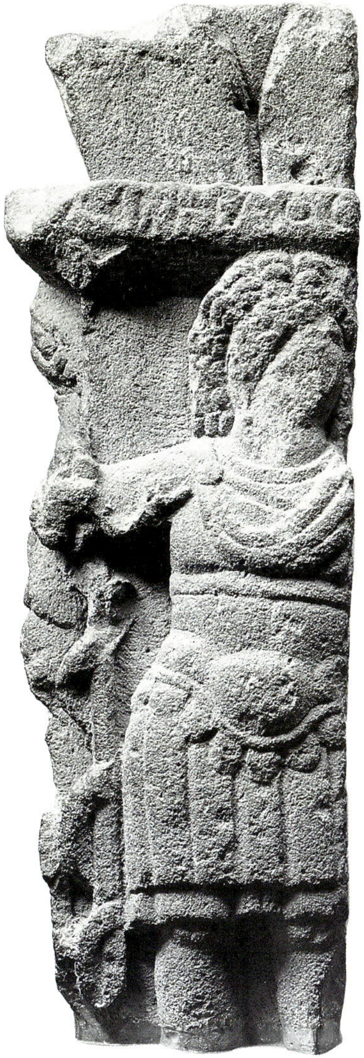

Altar decorated with images of the goddess Allāt (with the features of the Greek and Roman Athena) and the healer god Shadrappha.

19

Autel avec représentations divines

Hauran, Ier s. ap. J.C. ?

Basalte. H 68,5 ; L 28 cm
AO 4452

Il ne subiste qu'une partie de cet autel de forme rectangulaire avec couronnement pyramidal encadré d'acrotères stylisées. Le fût porte sur une face l'image d'un dieu en cuirasse à la romaine, tenant une lance autour de laquelle s'enroule un serpent : c'est probablement Shadrapha, identifié à Asklepios grec. L'autre face présente la déesse Allât sous les traits d'Athéna.

L'autel porte la trace d'une dédicace en grec par un certain (A)mrélos, nom fréquent dans le Hauran.

Bibl. : exposition Lyon 198-1979 n° 42 ;
M. Sartre 1985, p. 176

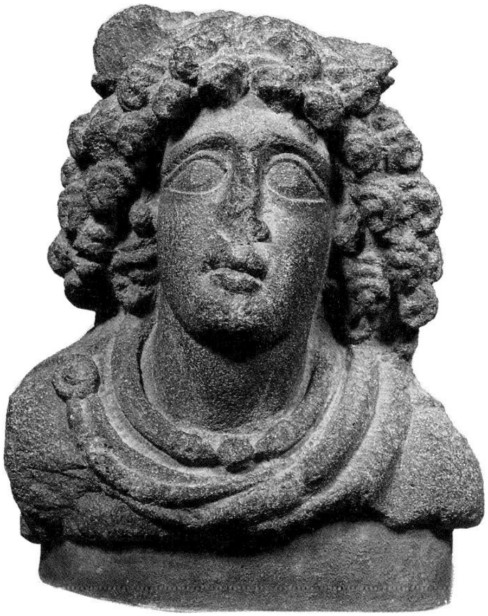

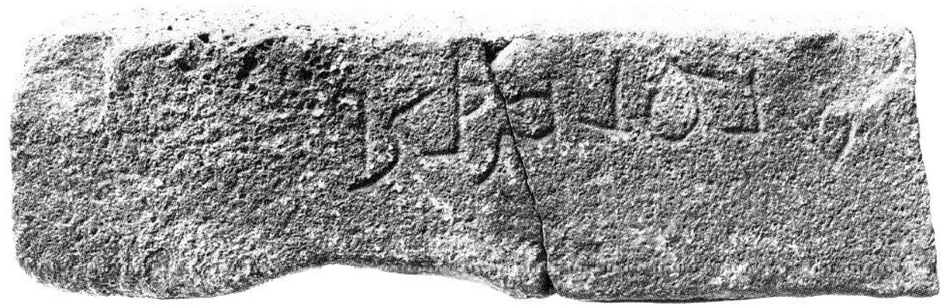

20
Buste au torque
Hauran. Ier s. ap. J.C. (?)

Basalte. 46 ; L 39 ; E 40 cm
AO 4704

Cette sculpture est un haut relief et appartenait probablement au décor d'un monument. On y voit un personnage juvénile, un torque orne son cou sous un manteau agrafé par devant. Dans les cheveux bouclés formant une masse autour du visage, deux éléments sont peut-être les ailes du dieu Hermès.

Bust of a man wearing a torque necklace, perhaps the god Hermes.

21
Dédicace au dieu de Qasiû
Si'a. Mission M. de Vogüé 1861-62. Ier s. av. J.C.

Basalte. H 14 ; L 36 ; E 10 cm
AO 4988

Cette base de statue porte une dédicace nabatéenne : la divinité est désignée anonymement comme le dieu personnel de Qasiû, sans doute un ancêtre du dédicant, dont le nom était dans la lacune.
BIBL. : CIS II, 165 ; exposition Lyon 1978-1979 n° 61

Nabataen dedication to the god of Qasiū.

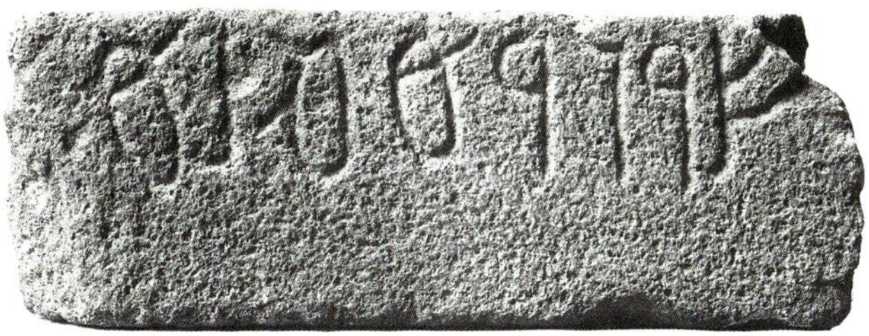

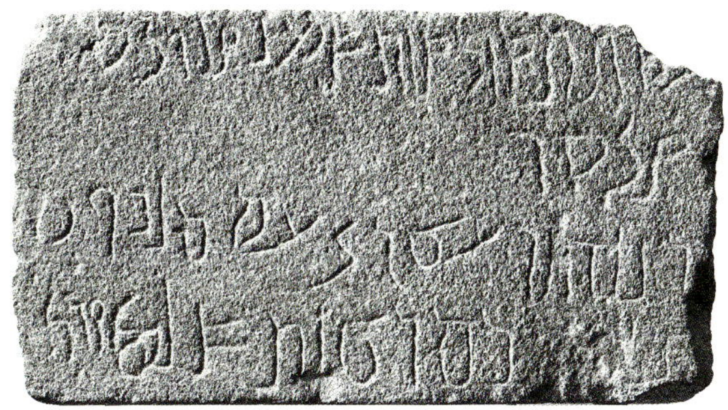

22
Base de la statue de Shudu
Si'a. Mission M. de Vogüé 1861-62. Ier s. av. J.C.

Basalte. H 9 ; L 25 ; E 15 cm
AO 4991

Cette base de statue porte une inscription nabatéenne qui donne sans doute le nom de son auteur : « Shudu, l'artisan ». Les signatures d'artistes sont exceptionnelles en Orient.

Bibl. : CIS II, 166 ; exposition Lyon 1978-1979 nº 60

Base of the statue of Shudu, the craftsman, with an inscription in the Nabataean alphabet.

23
Dédicace de Maliku
Hebrân (Hauran), mission M. de Vogüé 1861-62. Ier s. ap. J.C.

Basalte. H 45 ; L 86 ; E 14 cm
AO 4992

L'inscription nabatéenne donne la date par référence au calendrier romain : « Au mois de Tishri, la septième année de Claudius César, celle-ci est la porte qu'a faite Maliku, fils de Qasiû, prêtre d'Allât. Invoque la paix ».

Bibl. : E. Ledrain 1886, nº 72 ; G.A. Cook, 1903, NSI, nº 98 ; CIS II 170

Inscription in the Nabataean alphabet commemorating a sacred building: "in the month of Tishri, the seventh year of Claudius Caesar, this is the door made by Maliku, son of ..., priest of Allăt. It invokes peace".

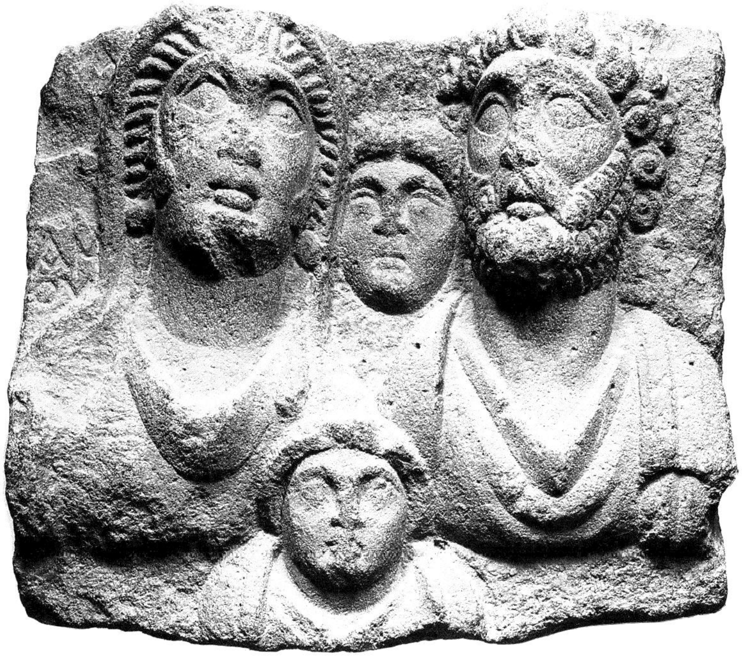

Tomb stele of Amos and his family. The busts of the defunct are presented in the Roman manner; the inscription is in Greek, but the name is clearly Semetic.

24

Stèle funéraire d'Amos et de sa famille

Hauran (?). IIe s. ap. J.C. ?

Basalte. H 47 ; L 58 ; E 15,5 cm
AO 5315

Malgré son style fruste, cette stèle familiale témoigne de la force de l'hellénisation en milieu indigène : les bustes des parents encadrent celui des enfants en une disposition classique, le nom sémitique du chef de famille est inscrit en grec : Amos.

Bibl. :A. Dain, 1933, n° 144

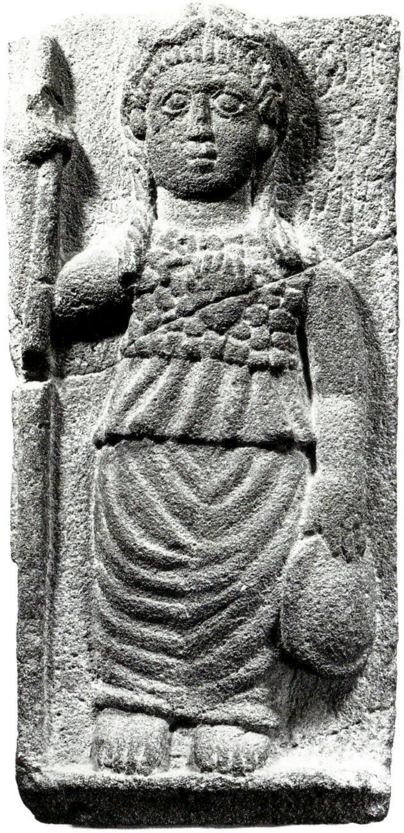

25
Stèle d'Allât
Kharaba (Hauran). IIe s. ap. J.C.

Basalte. H 52 ; L 25,5 ; E 15 cm
AO 11215

La grande déesse arabe Allât apparaît ici sous les traits d'Athéna avec laquelle elle est parfois identifiée : égide au masque de Gorgone, casque, bouclier et lance marquent son caractère guerrier. Le style trapu, la frontalité, sont de tradition indigène. L'inscription nabatéenne donne le nom du dédicant, « Haliyu, fils de Qadam, de Kharaba ». Kharaba est un bourg proche de Bostra, où l'occupation nabatéenne est bien attestée.

Bibl. : exposition Lyon 1978-1979, n° 41

Stele bearing the image of the great Arab goddess Allāt with the features of the Greek and Roman Athena.

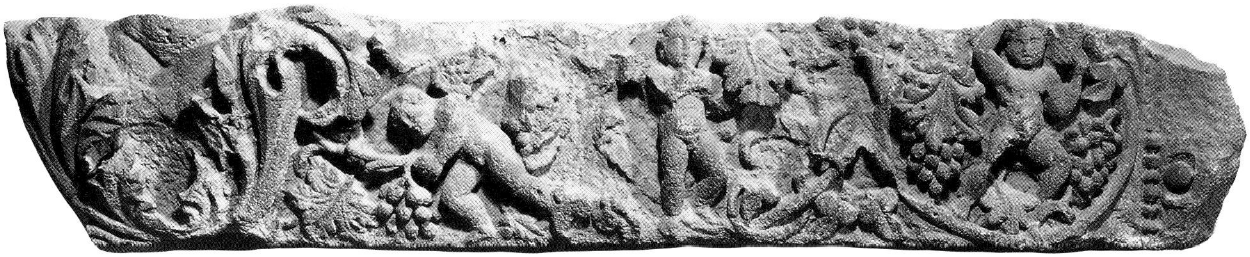

26

Linteau à décor de rinceau et d'amours

Kanawat. IIe s. ap. J.C.

Basalte. H 32,5 ; L 169 ; E 27 cm
AO 11078

Les rinceaux de vigne peuplés d'Amours vendangeurs sont empruntés au repertoire impérial romain largement répandu aux époques antonine et sévérienne, mais la vigne représente aussi un thème iconographique dominant en Syrie méridionale, pays de vignobles dès l'antiquité.

Bibl. : M. Dunand, 1926, pl. LXIII, n° 2 ; J. Dentzer-Feydy 1990

Lintel of a door to a sanctuary at Kanawat. The foliage decoration with cupids is typical of Hawran.

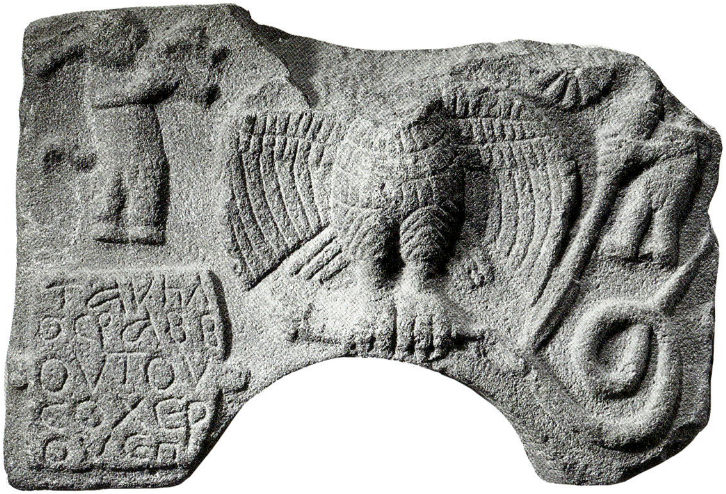

27

Couronnement de niche

Suweida. Epoque romaine

Basalte. H 58 ; L 89 ; E 32 cm
AO 11079

Ce curieux monument appartient probablement à une série de naiskoi, ou sanctuaires en réduction, créés dans le Hauran à l'époque romaine : la niche et la façade, ici disparue, sont la réplique en taille réduite de l'édicule qui servait à abriter l'image de la divinité. L'aigle ornant le centre du couronnement revient fréquemment sur ces monuments : il appartient à une tradition arabe ancienne, que l'on rencontre déja sur les monuments rupestres de Médaïn Saleh. L'aigle tient dans ses serres un serpent qu'un personnage nu transperce de sa lance en un combat mythologique ; un être hybride, mi homme mi animal, joue d'un instrument de musique ; sur le petit côté sont figurés un scorpion et un serpent cornu, attributs du dieu guérisseur Shadrapha.

Dans une *tabula ansata* sont inscrits en grec les noms bien arabes des dédicants : Tawelos, fils de Rabbos, fils de Socheros.

Summit of a sanctuary model, decorated with mythological scenes: an eagle holds a serpent transpierced by the lance of a nude hero; a monster, half man, half animal, is playing some music; the horned serpent and the scorpion are emblems of the healer god Shadrappha. An inscription in Greek gives the Arabic name of the donors of this monument "Tawelos, son of Rabbos, son of Socheros".

Bibl. : exposition Lyon 1978-1979 n° 43 ; P. Arnaud dans J.-M. Dentzer 1985-86, p. 386, pl. V, fig. e

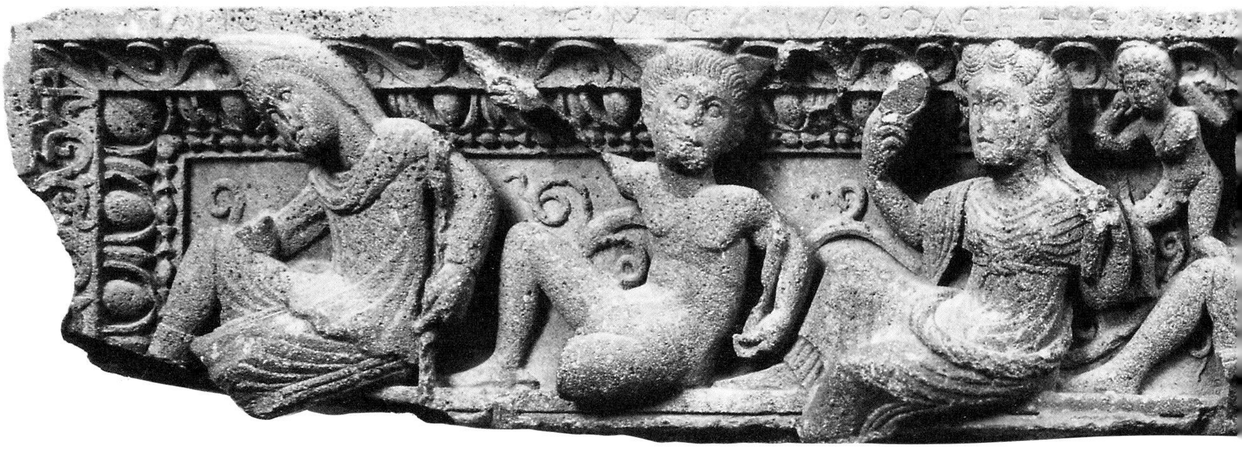

Lintel from the sanctuary of Soueida. The scene of the Judgment of Paris is borrowed from Greek and Roman mythology and renders homage to the three main goddesses worshipped venerated in South Syria. The Shepherd Paris is about to give the prize for the most beautiful woman to Aphrodite rather than to Athena or Hera. Zeus and Hermes are watching the scene.

28

Linteau du jugement de Pâris

Suweida. IIe s. ap. J.C.

Basalte. H 52 ; L 316 ; E 18,5 cm
AO 11077

Le linteau, brisé en deux morceaux, est le plus bel exemple de décor architectural du Hauran. On y voit l'assemblée des dieux olympiens, assis sur une couche qui constitue la base du linteau, une jambe pliée, l'autre tombant par dessus la bordure de la sculpture et tenant des attributs qui permettent de les identifier. Leur nom est inscrit en grec sur la moulure supérieure : on reconnaît de gauche à droite Pâris, seul mortel de l'assistance, qui doit choisir la plus belle des déesses ; puis Hermès, Aphrodite accompagnée du petit Eros, Athéna et Héra, en fin à droite, Zeus. C'est probablement la présence de trois déesses, dont le culte était profondément ancré en milieu indigène, qui a poussé l'artiste à choisir l'iconographie, assez rare par ailleurs, du jugement de Pâris.

La synthèse d'éléments classiques grecs et de style indigène est ici parfaite et donne une impression de force très particulière.

Bibl. : J. Dentzer-Feydy 1990

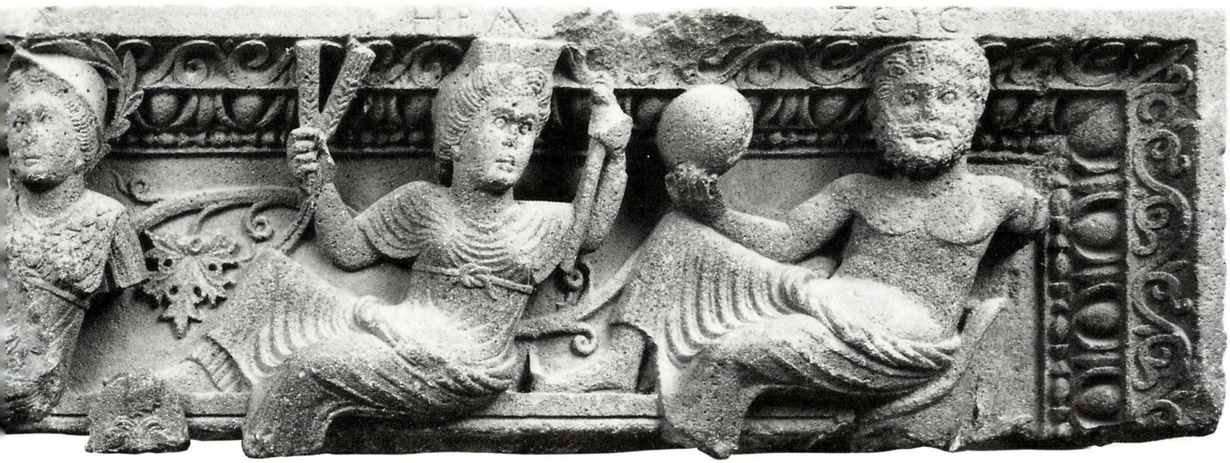
ΗΡΑ
ΖΕΥϹ

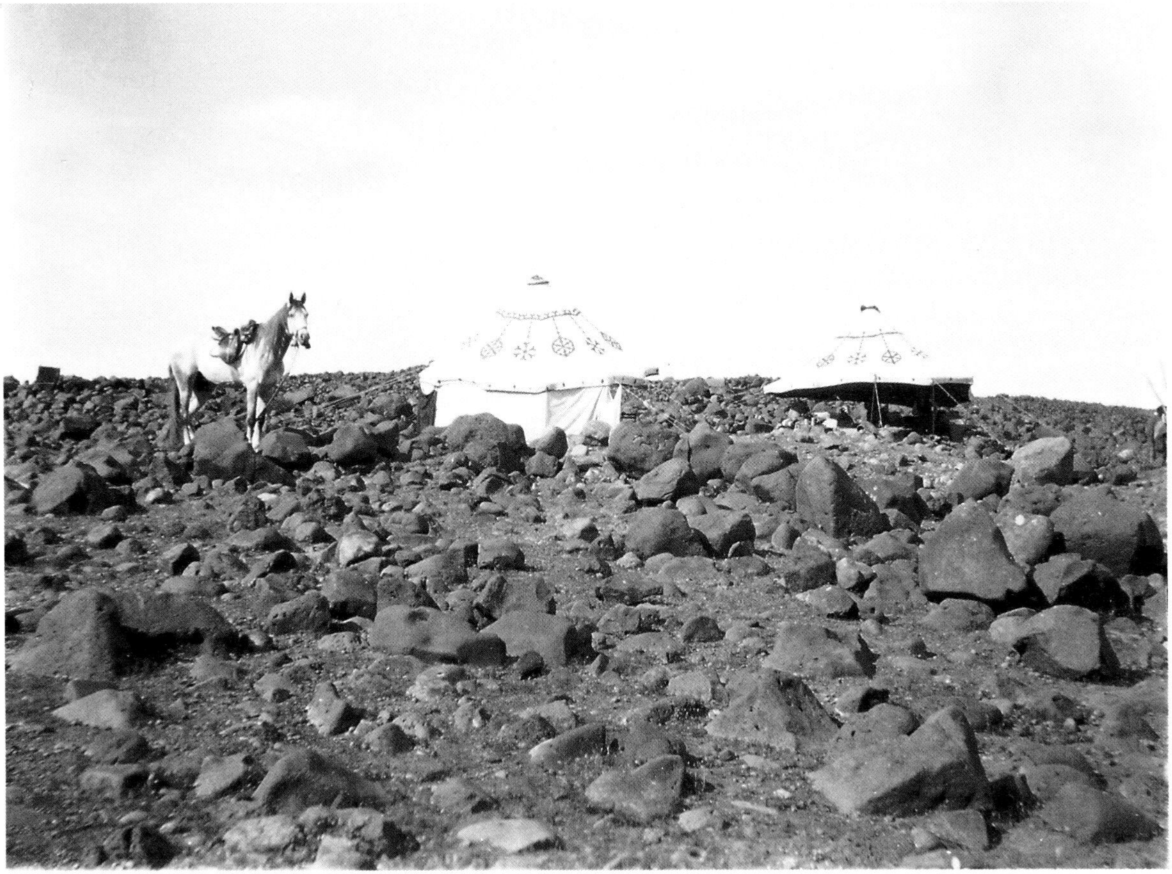

Désert du Safa. (Cliché archives AO, fonds R. Dussaud)

La Syrie du Sud-Ouest

Djebel Safa

Au nord-est du Hauran, le Safa est entouré de roches volcaniques décomposées. Ce paysage désolé constituait un passage commode entre la région de Damas et les routes du nord de l'Arabie, le long du Wadi Sirhân jusqu'au Djawf. Les galets volcaniques qui encombrent les pistes sont couverts d'inscriptions rupestres : plus de 15 000 sont à l'heure actuelle répertoriées ; ce sont les témoins laissés par des nomades, dont le mode d'existence évoque les récits des temps des Patriarches. Certaines de ces écritures, dites thamoudéennes et safaïtiques, sont apparentées à l'écriture sud-arabique. L'écriture safaïtique se rencontre sur une très vaste part de l'Arabie du Nord, la Syrie méridionale et la Transjordanie. Des graffitis ont même été retrouvés récemment à Pompéi.

BIBL. : J.T. Milik in exposition Lyon, 1978-79. J. Ryckmans, article « Safaïtique », Supplément au Dictionnaire de la Bible, XI, 1986

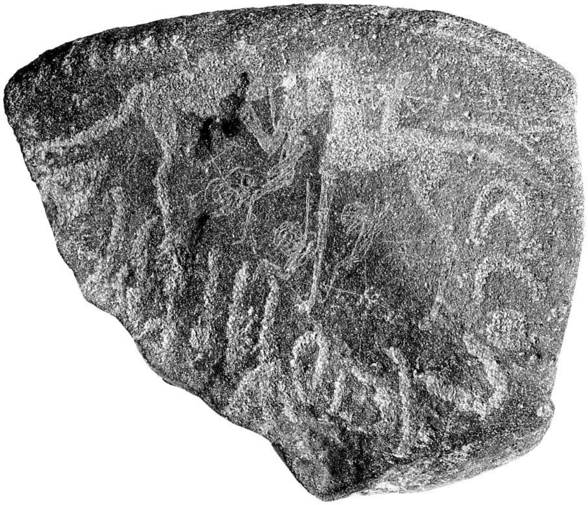

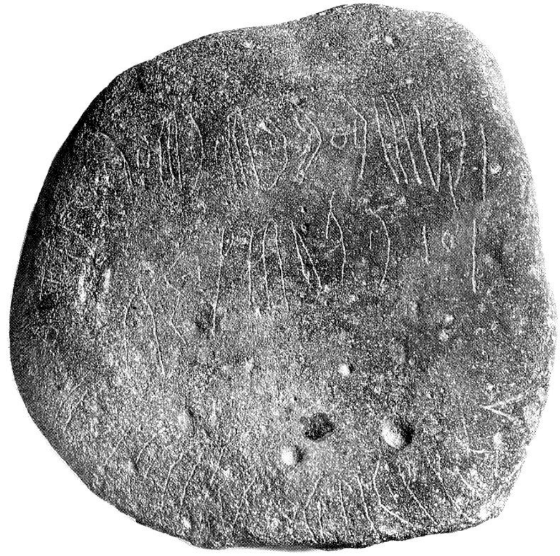

29
Galet à inscription safaïtique
Safa, Ier s. ap. J.C. Mission M. de Vogüé 1861-62

Basalte. H 50 ; D 40 cm
AO 4980

L'inscription « Par Buhêm fils de Nazzar fils de Gidlî, cavalier » accompagne une scène de chasse, exécutée par piquetage de la pierre : on y voit un cavalier armé d'un poignard et attaqué par un lion, accompagné d'un deuxième cavalier et de trois personnages à pied.
BIBL. : exposition Lyon 1978-1979, n 47 (J.T. Milik)

Pebble with a safahitic inscription: "Buhēm son of Nazar, son of Gidlī". A hunting scene showing a lion has been picked out on the stone.

30
Galet à inscription safaïtique
Safa, Ier s. ap. J.C. Mission M. de Vogüé, 1861-62

Basalte. H 31 ; D 23 cm
AO 4986

Le galet comporte deux textes relatifs à la même famille : le premier dit « (écrit) par Kasit, fils de 'Amm, fils de Hunn, fils de Sahiyat ; et il était plongé dans un deuil douloureux à cause de son fils La'am et ils construisirent la pierre tombale (nafs) pour son fils ». Le deuxième texte se lit « pierre tombale de 'On fils de Kasit ». Ce Kasit aurait donc perdu deux fils à cet endroit.
BIBL. : exposition Lyon 1978-1979, n° 48 (J.T. Milik)

Pebble with a Safahitic inscription commemorating the violent death of 'On, son of Kasit.

En Nemara

L'épitaphe d'Imru'-l-Qays fut découverte par René Dussaud et Frédéric Macler, lors de leur expédition de 1901 dans le Leja et le Djebel Druze. Non loin du fort romain d'En Nemara, à environ 100 km au sud-est de Damas, ils rencontrèrent les restes du mausolée, identifié par l'épitaphe inscrite sur le linteau.

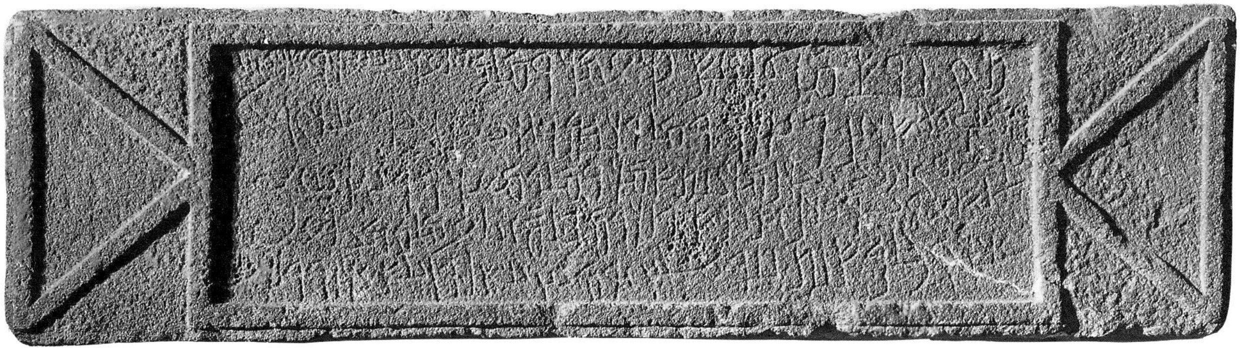

Tomb dating from 328 A.D. "This is the tomb of Imru'-al-Qays, son of 'Mru, king of all the Arabs, the one who assumed the diadem. And he reigned over the two tribes of Asad and Nizzar and their kings. He routed the tribe of Madhhidj until he beat them by pushing them back to the gates of Nadjran, the town of Samir. And he ruled over the tribe of Ma'add and he sent on a political mission nobles among the peoples, and set them up as governors. Thus no king could attain his glory. Until he died in the year 223, on the 7th day of the month of Kaslul."

31
Linteau du tombeau d'Imru'-l-Qays
En Nemara. 328 ap. J.C. Mission R. Dussaud 1901

Basalte. H 45 ; L 173 ; E 15 cm
AO 4083

« Le musée du Louvre peut se targuer de posséder, dans ce linteau, le plus ancien document de la langue nord arabe littéraire, en même temps qu'un des documents les plus importants pour l'histoire de l'Arabie préislamique. Depuis sa découverte par R. Dussaud et F. Macler, qui reconnurent sa valeur extraordinaire, d'énormes difficultés de lecture et d'interprétation n'ont cessé de susciter la discussion entre spécialistes.

La pierre présente cinq lignes et à peu près 50 mots disposés dans un cartouche de forme romaine, un rectangle encadré par deux queues d'aronde. Le basalte est d'une structure inégale en surface, parsemé de petits trous qui trompent l'oeil en se présentant comme éléments de l'écriture. La forme des lettres est assez variée et la disposition des mots dans les lignes ainsi que leurs dimensions assez inégales. L'état actuel de la pierre, qui n'a pas changé depuis sa découverte, n'est donc pas dû à l'érosion ou à la détérioration du temps ; il faut d'autant plus admirer l'exploit du premier interprète, R. Dussaud. Son dessin d'après l'estampage est resté la base de toute étude ultérieure.

A ces incertitudes de lecture matérielle s'ajoutent les ambiguïtés du système d'écriture lui même. Il s'agit de l'alphabet nabatéen (dérivé de l'araméen commun) en pleine évolution vers l'écriture arabe, non sans quelques traces de l'alphabet syriaque. Une même lettre peut servir à rendre plusieurs sons arabes : D et R sont déja confondus en nabatéen ; pour l'arabe s'ajoute le -D comme valeur possible du même signe etc.

La langue est indiscutablement de l'arabe (classique), bien différencié du nabatéen. Constatons que l'arabe d'en Nemara comporte des résidus de l'araméen, comme « bar » (fils, ligne 1) au lieu de l'arabe « ibn ».

On connaît peu le contexte dans lequel se situe l'épitaphe d'Imru'-l-Qays. Le mausolée est situé près du Limes Arabicus, à environ 100 km au sud-est de Damas, à 1 km au sud-est d'en Nemara dans la wadi -s-Sawt, mais en dehors du territoire romain, à proximité d'un petit fort de frontière. Ainsi le texte s'adresse-t-il aux lecteurs arabes seulement ; ce n'est pas par hasard qu'il n'est pas bilingue et qu'il ne se sert pas du nabatéen, comme nombre d'autres textes découverts dans la région : il y est question d'un roi arabe, en langue arabe, pour une postérité arabe.

Le style de ce texte est lié étroitement à sa fonction comme présentation et biographie condensée du défunt : un récit clair et bref, précédé des titres et concluant par la date de la mort du roi qui se présente au premier plan comme victorieux, agent de tous les faits relatés.

Sur les quelques siècles d'histoire de l'Arabie centrale préislamique et de ses régions limitrophes, on ne dispose que d'inscriptions brèves en langue diverse, d'informations casuelles et maigres des chroniqueurs byzantins et de la tradition historique arabe, recueillie beaucoup plus tard et pas toujours digne de foi. Il paraît imprudent de relier à tout prix les personnages et les faits mentionnés dans ces documents alors qu'ils sont peut-être séparés par de grands espaces de lieu et de temps.

Transcription :

1 ty nfs mr'lqys br 'mrw mlk 'l'rb klh *d*w 'sr 'ltg

2 wmlk 'l'sdyn wnzrw wmlwkhm whrb m[*d*]ḥg 'kdy wg'

3 yzgh fy rtg (?) ngrn mdynt šmr wmlk m'dw wnbl nbyh

4 'lš'wb wwklhn frs wldwm flm yblg mlk mblgh

5 'ddy hlk snt 223 ywm 7 bkslwl yls'd *d*w wldh

Traduction :

1 Ceci est le tombeau d'Imru'-l-Qays, fils de 'Amr, roi de tous les Arabes, celui qui ceignit le diadème

2 et il régna sur les deux tribus d'Asad et de Nizar et leurs rois. Il mit en déroute la tribu de Madhhidj jusqu'à ce qu'il les frappe

3 en les refoulant dans les portes de Nadjran, la ville de Samir. Et il régna sur la tribu de Ma'add et il envoya en mission politique les nobles

4 des peuples et les établit comme gouverneurs. Et il tenait ainsi une position stable en permanence. Ainsi aucun roi n'a atteint sa gloire

5 jusqu'à ce qu'il meure en l'an 223, le 7e jour du (mois) de Kaslûl (= 7.12.328 A.D.). Heureux celui qui l'a engendré

Cette lecture se garde de trancher en faveur de l'identification d'Imru'-el Qays avec le prince lakhmide d'al Hira (en Mésopotamie sous l'influence perse), qui aurait vécu, selon les chronologies arabes, à la fin du IIIe ou au début du IVe siècle. Avec la lecture et l'interprétation ici proposées, nombre d'hypothèses antérieures, comme le passage de suzeraineté de la Perse aux Byzantins, ou le christianisme prétendu de ce prince, tombent, alors qu'elles étaient au centre de nombreuses études sur ce texte.

D'autre part, les inscriptions de Qaryat al-Faw, en Arabie séoudite, ancienne capitale d'un royaume préislamique, jettent de nouvelles lumières sur les rois Arabes. Une dynastie se dit de Qahtan et de Madhhidj ; une autre est connue par des inscriptions sabéennes et la tradition arabe de Kinda, dont le dernier descendant est le fameux poète préislamique Imru'-l-Qays. Un texte sabéen (Ryckmans 535) nous apprend en plus que le roi sud arabique Shamir-Yuhar'ish, allié au roi de Kinda, mena une campagne contre un certain Imru'-l-Qays, roi « du royaume des enceintes de pierres et de broussailles » (comme le traduit M. Rodinson), dénomination appropriée pour le roi arabe d'une tribu bédouine. Cette campagne finit avec la défaite et la capture d'Imru'-l Qays, qui est relâché seulement contre une lourde rançon. S'il s'agit bien, comme nous le supposons, du même fait relaté dans l'épitaphe d'en-Nemara, nous aurions là deux pièces contradictoires de propagande politique : la recherche de la vérité complique la tâche de l'historien.

La tradition arabe rapporte qu'à peu près cent ans plus tard, les Banu Asad portèrent le coup de grâce au royaume de Kinda. En regardant le titre d'Imru'-l-Qays, roi d'Asad, Ma'add, Nizar, on s'aperçoit que ces noms sont ceux des éponymes de tribus arabes du Nord, toujours proverbialement antagonistes des arabes (bédouins) du Sud, dont Qahtan était le symbole et l'éponyme, notamment du groupe de tribus rassemblant les Kinda et les Madhhidj. Il est ainsi possible de voir en Imru'-l-Qays le roi arabe, inconnu antérieurement, d'une confédération de tribus du nord (Ma'add, Nizar et surtout Asad), ayant pour sphère d'hégémonie l'Arabie du nord et centrale, en conflit de frontière dans le sud avec les royaumes arabes de Kinda, à Qaryat al-Faw et des Madhhidj à Nadjran et, indirectement, avec les souverains sabéens. »

Manfred Kropp

Dmeir

Le site de Dmeir, à 40 km à l'Est de Damas sur la route de Palmyre, est surtout connu pour son temple romain dédié à Zeus Hypsistos (Très Haut) qui porte une inscription datée du IIIe s. après J.C. Il a dû succéder à un sanctuaire de Baalshamin (le Maître des Cieux) à qui est dédié l'autel conservé au Louvre : ce monument témoigne du rôle joué par les élites locales dans les relations entre Rome et les populations arabes.

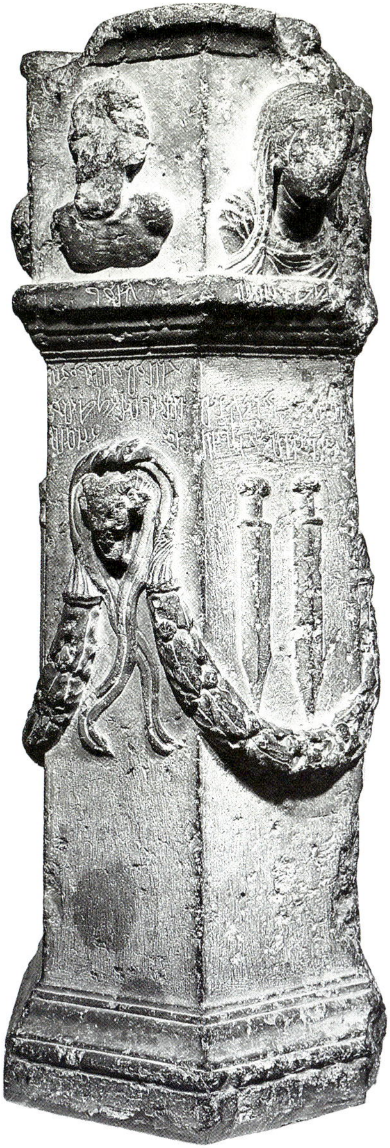

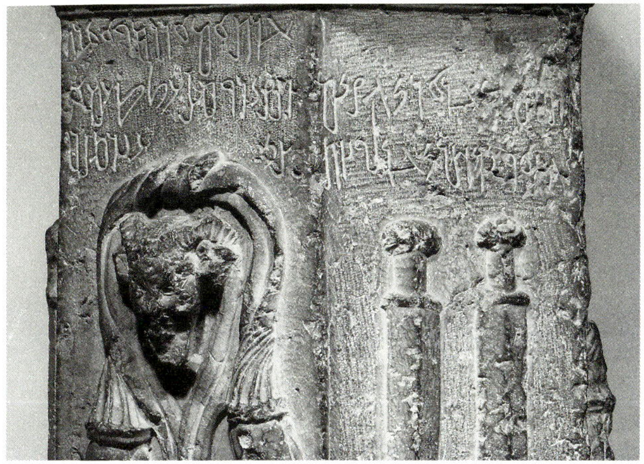

Altar dedicated in 94 A.D. by an Arab family of high rank. The inscription is in the Nabataean language and script, the date is given according to the Greek Seleucid computation adopted by the Romans. The garlands and sacrificial instruments figure in relief on the altar. A sundial has been carved out at the summit.

32

Autel nabatéen

Dmeir. 94 ap. J.C. Entré grâce à l'Académie des Inscriptions

Calcaire. H 116 ; D 42 cm
AO 3025

La forme de cet autel hexagonal à deux registres est parfaitement romaine : en haut, une frise de bustes, martelés, sans doute les portraits des dédicants. Sur le fût, le sacrifice rituel est évoqué par des têtes de béliers, destinés au sacrifice et ornés d'une guirlande tandis que des couteaux en sont l'instrument. L'inscription nabatéenne nous apprend que les dédicants appartiennent à une famille indigène de haut rang dont deux membres ont occupé le poste de stratège pour le royaume de Nabatène : « ceci est l'autel qu'a dressé Hani'u l'affranchi de Gadilu fille de Bagrat, mère d'Adramu le stratège et de Naqîdu les fils par adoption de 'Abdmaniku le stratège, au mois d'Iyon de l'an 405 selon le comput des Romains qui est l'an 24 de Rabbel le roi ».

La date est donnée selon l'ère séleucide (312 av. J.C.), adoptée par les Romains dans la province de Syrie : le monument a donc été érigé au mois de mai 94 de notre ère et ce texte présente l'intérêt de fixer à 70 de notre ère l'avènement du souverain nabatéen Rabbel.

Un petit cadran solaire a été creusé, sans doute plus tard, dans la partie supérieure.

Bibl. : exposition Lyon 1978-1979, n° 69

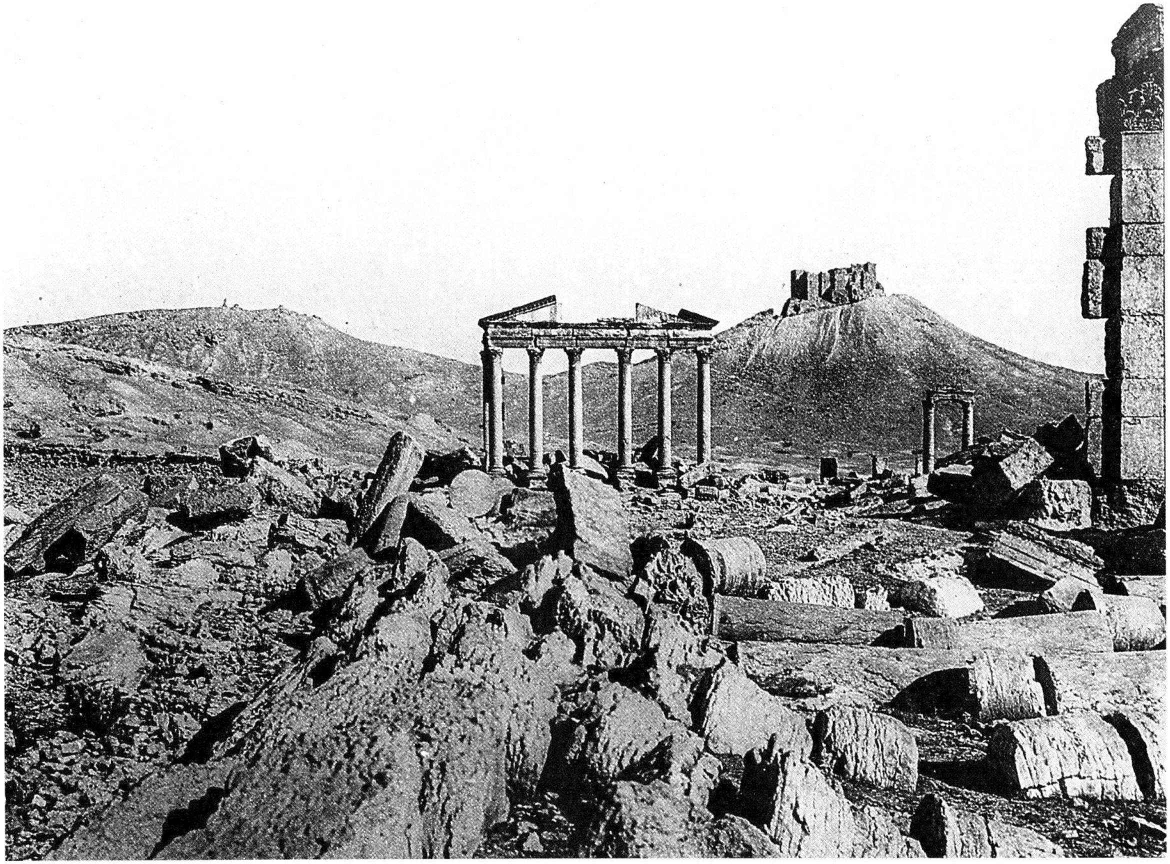

Palmyre, vue générale. (Cliché archives Louvre AO, fonds R. Dussaud)

Palmyre

A mi-chemin entre la trouée de Homs, qui ouvre sur la Méditerranée, et le coude de l'Euphrate, l'oasis de Palmyre (pl. III p. 27 et fig. p. 80) a été une étape caravanière importante dès le IIe millénaire, sous le nom de Tadmor. C'est surtout durant le IIe siècle de notre ère que Palmyre est devenue une puissance commerciale et un entrepôt international. Elle contrôlait les échanges entre l'est et l'ouest grâce à des agents et des comptoirs sur le Tigre, l'Euphrate et le Golfe arabo-persique. Soie de Chine, perles du Golfe, encens, parfums et indigo du Yémen, étaient échangés contre la pourpre et les verreries de Phénicie, les œuvres d'art de l'Attique, etc. Le « tarif » de Palmyre fixe les droits municipaux prélevés sur les marchandises locales et sur les salines entourant la cité.

Palmyre, c'est, pour l'imaginaire occidental, la légende de la reine Zénobie et l'affrontement qui opposa au cours du IIIe siècle de notre ère une cité prospère à l'Empire romain. C'est aussi un ensemble monumental admirablement préservé. Les sculptures proviennent des temples ou des tombeaux (fig. p. 82) que se faisaient ériger les riches familles de négociants Palmyréniens. Leur style très particulier, aisément reconnaissable, mêle les traditions orientales, l'apport progressif d'éléments romains et l'influence parthe et sassanide : l'intensité des portraits, le détail des costumes, des bijoux ou des armes d'apparat, reflètent l'image de cette société.

BIBL. : M.A.R. Colledge, 1976. J. Teixidor, 1977. J. Starcky et M. Gawlikowski, 1985. J. Dentzer-Feydy et J. Teixidor 1991

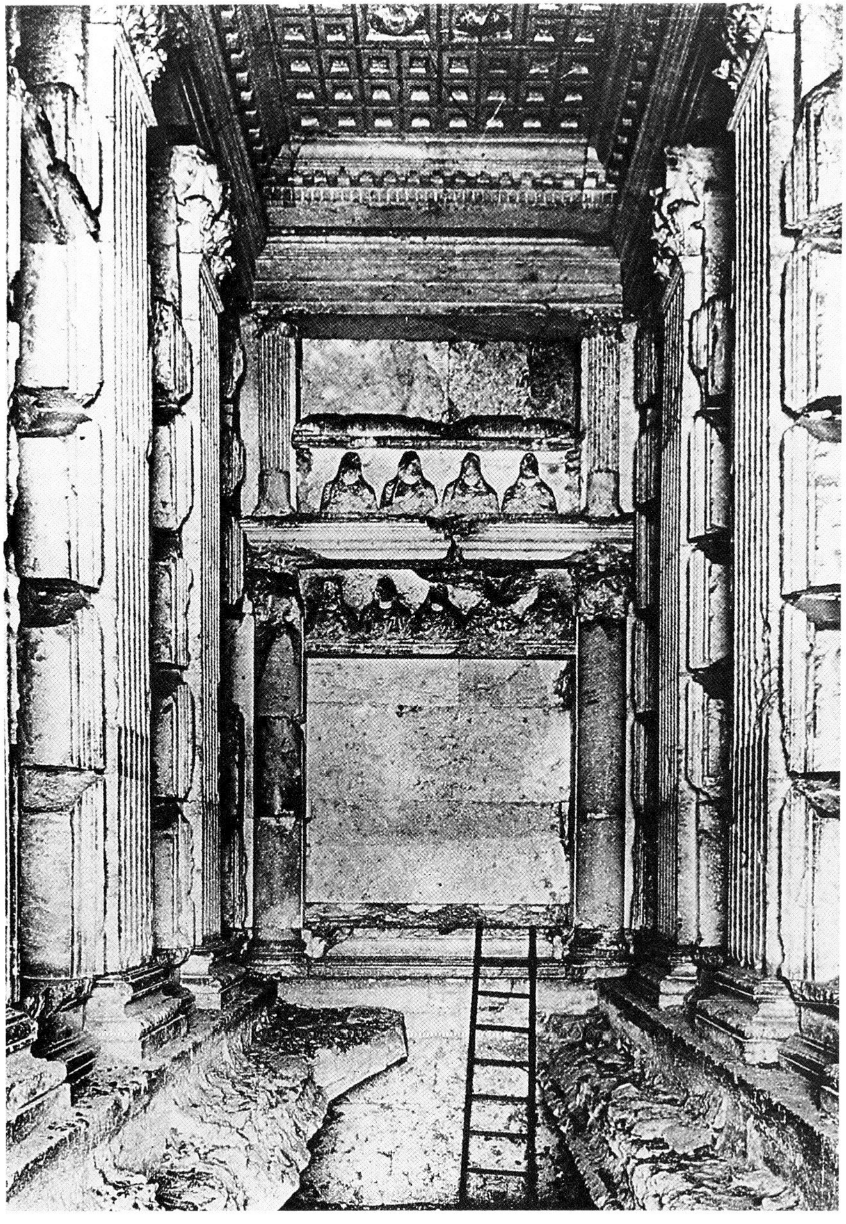

Tombeau d'Elahbel, Palmyre. (Cliché archives Louvre AO fonds R. Dussaud)

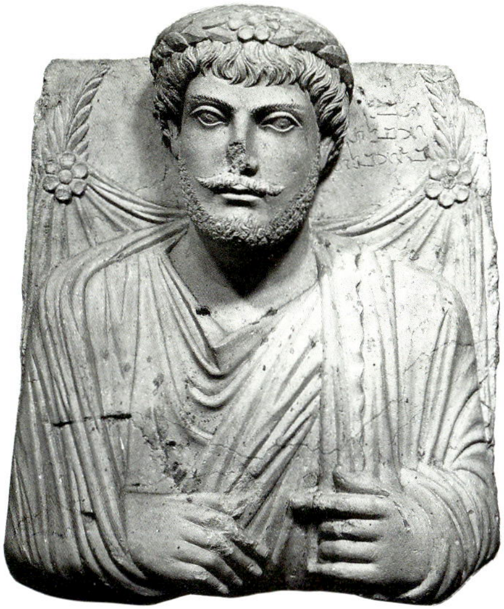

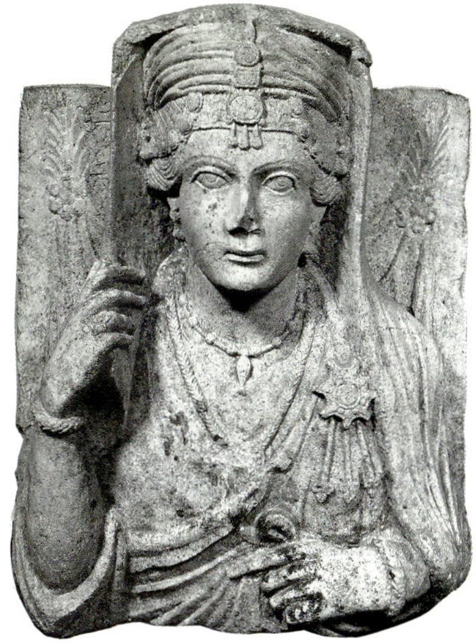

33
Portrait de Vahballat
Palmyre, milieu du IIe s. ap. J.C.

Calcaire. H 64 ; L 62,5 cm
AO 28381

Elégante sculpture représentant le défunt en tunique gréco-romaine devant un rideau retenu par des rosettes et des palmes.

BIBL. : J. Dentzer-Feydy et J. Teixidor, 1991

Portrait of Vahballat, in a Greco-Roman tunic.

34
Buste de femme
Palmyre, IIe s. ap. J.C.

Calcaire. H 55,5 ; L 43 cm
AO 28380

Buste de femme vêtue d'une tunique et d'un manteau agrafé sur l'épaule par une fibule à pendentif. Elle porte de nombreux bijoux : bracelets, colliers, bandeau frontal orné de chaînettes accrochées aux tempes.

BIBL. : J. Dentzer-Feydy et J. Teixidor, 1991

Bust of a woman adorned with many jewels; the head-band is typically Palmyrene and is still worn today.

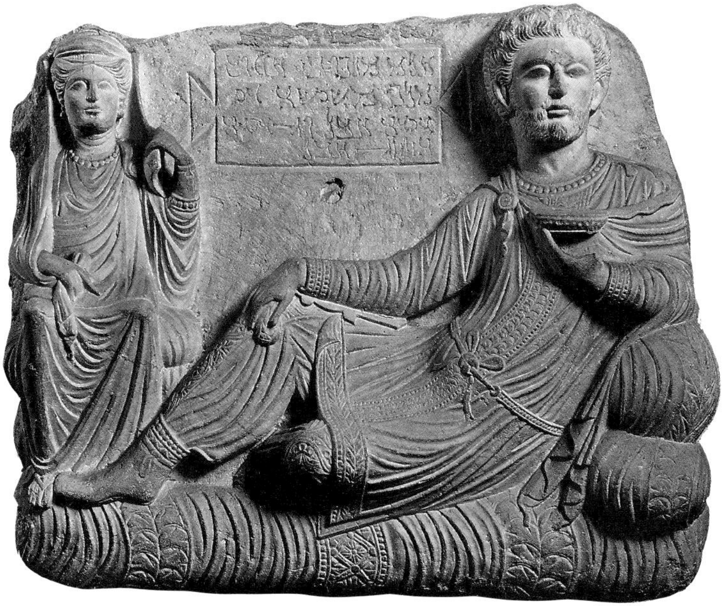

35
Banquet funéraire de Maliku
Palmyre, IIe s. ap. J.C.

Calcaire. H 44 ; L 57 cm
AO 2000

Funeral feast of Maliku, son of Hagegu, son of Maliku, priest of the enclosure, and of his wife Hadira. The sacerdotal functions at Palmyra were sufficiently prestigious to be cited by the descendents until the third generation.

La plaque représente une scène de banquet, qui revient fréquemment dans les tombes de Palmyre ; comme il est de tradition dans l'orient syrien, le repas se prend couché sur un matelas posé à terre ou sur une klinê, le coude soutenu par des coussins. L'épouse, qui ne participe pas en fait au banquet, assiste à la scène, dans un fauteuil d'apparat. Le défunt est vêtu de la tunique et du pantalon parthe, il tient une coupe dans la main. Son épouse porte le vêtement de femme courant à Palmyre, tunique et manteau, voile couvrant un bandeau frontal.

L'inscription nous donne le haut rang des défunts : « Image de Malikû fils de Hagegu fils de Malikû, prêtre de l'enceinte, hélas, et Hadira, sa femme ».

Les prêtres de l'enceinte formaient peut-être une classe particulière desservant le sanctuaire de Bêl, chargés du maintien de l'ordre dans le téménos.

Bibl. : J. Dentzer-Feydy et J. Teixidor, 1991

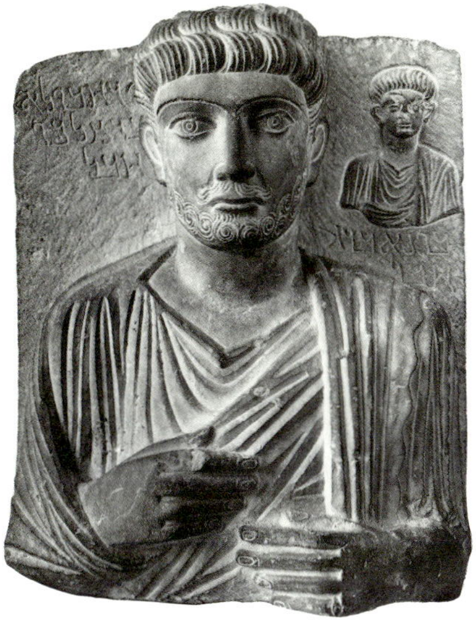

Bust of Yarhibōla and his son Bōnnā.

36
Buste de Yarhibôlâ et son fils Bônnâ
Palmyre, IIe-IIIe s. ap. J.C.
Ancienne collection De Clercq, don H. de Boisgelin 1967

Calcaire. H 48 ; L 41 cm
AO 22254

Yarhibôlâ est vêtu d'une tunique gréco-romaine. L'image de son fils Bônnâ est sculptée en relief beaucoup plus plat dans le champ laissé libre derrière l'épaule de son père. L'inscription est placée symétriquement à gauche, selon une dispostion fréquente à Palmyre : « Yarhibôlâ fils de Malikû. Hélas. Son fils Bônnâ. Hélas. »
Bibl. : J. Dentzer-Feydy et J. Teixidor, 1991

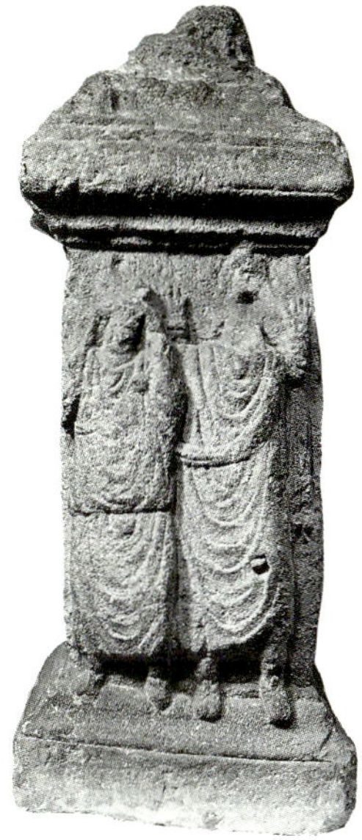

Altar with a pyramidal summit, offered by Zabdibōl, son of Zabdibōl to the merciful god.

37
Autel
Palmyre, IIe-IIIe s. ap.J.C. ; don capitaine Champeau 1929

Calcaire. H 53 ; L 22 cm
AO 11450

L'autel porte un couronnement pyramidant. Sur le fût, une des faces représente probablement l'image des dédicants : deux hommes en tunique et manteau. L'inscription sur une autre face est une dédicace par « Zabdibôl fils de Zabdibôl au (dieu) Miséricordieux ».
Bibl. : J. Dentzer-Feydy et J. Teixidor, 1991

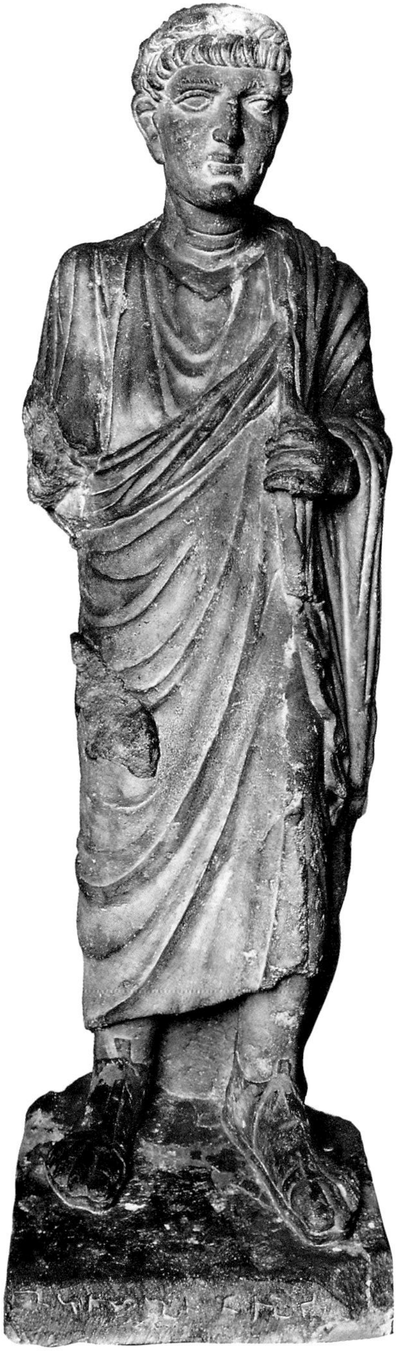

Young man dressed in a Greco-Roman tunic and a cloak.

38

Statue d'homme

Palmyre, IIe-IIIe s. ap. J.C. ; ancienne collection De Clercq. Don H. de Boisgelin 1967

Calcaire. H 102 ; L 32
AO 22252

Jeune homme vêtu d'une tunique gréco-romaine et d'un manteau, coiffé d'une couronne de laurier. L'aspect inachevé de l'arrière montre que cette statue était probablement placée contre un mur ou dans une niche.

Bibl. : J. Dentzer-Feydy et J. Teixidor, 1991

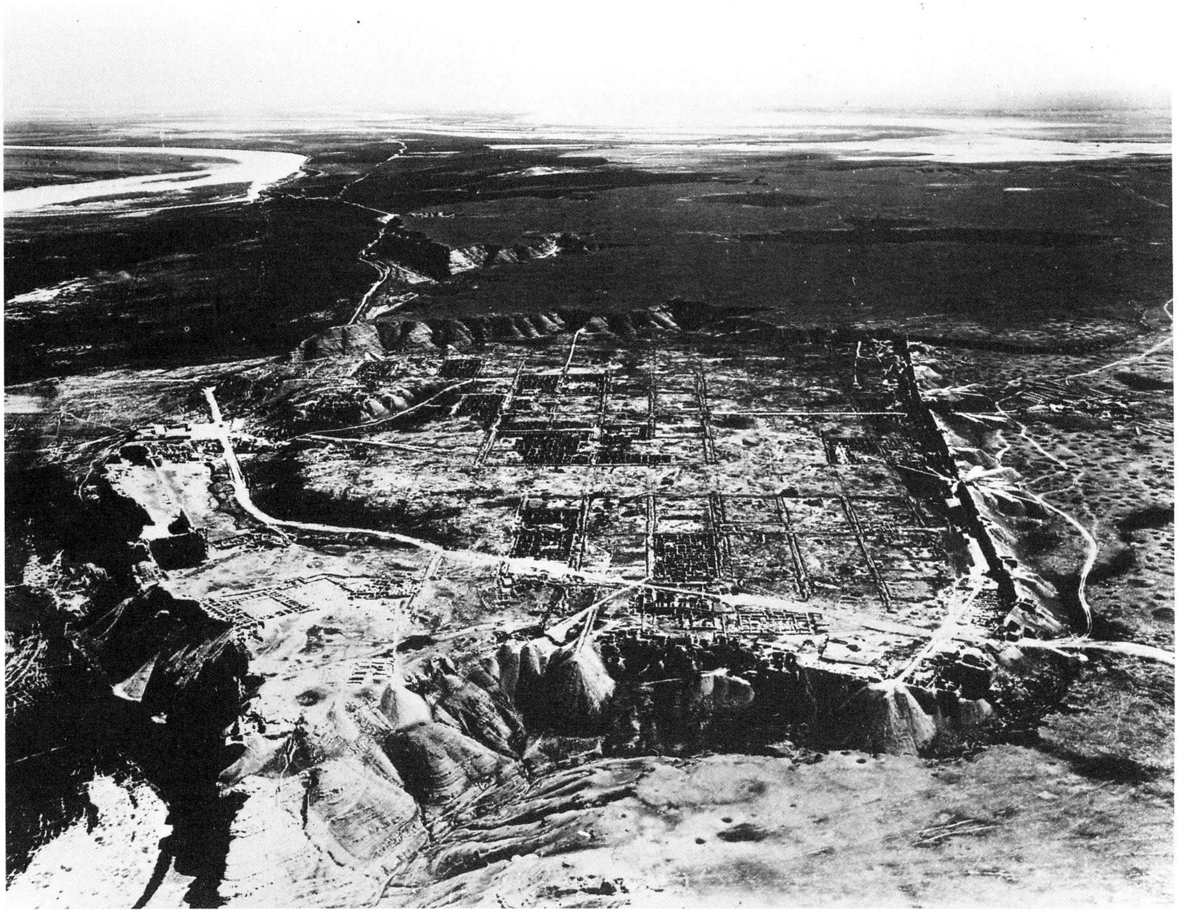

Photographie aérienne de Doura-Europos.
(Cliché Aviation Française du Levant, archives Louvre AO)

Doura Europos

Doura Europos (fig. 88) est située sur un plateau dominant l'Euphrate. Excellent point stratégique, c'est aussi un point de rupture de charge du trafic caravanier, où l'on transbordait les denrées entre la route terrestre et la voie fluviale. Base militaire romaine contre les Parthes, elle fut détruite par les Sassanides en 256 ap. J.C. La ville, entourée de remparts et organisée selon un plan d'urbanisme rigoureux d'origine hellénistique, comportait une citadelle surplombant le fleuve. La cité offrait unc culturc cosmopolite. Elle s'ouvrait à de nombreux étrangers, négociants ou voyageurs, au premier rang desquels figuraient les Palmyréniens. Doura Europos avait érigé des temples à des divinités venues de l'Iran, de l'Egypte ou de Rome, ainsi qu'une synagogue, témoin de l'expansion du judaïsme au IIIe siècle. Certaines demeures privées servaient de lieu de réunion religieuse ou même de « consulat » : c'est sans doute le cas de la maison où fut retrouvée la fresque représentant un banquet et portant une dédicace à des dieux de Palmyre.

Une mission franco-syrienne travaille de nos jours sur le site. L'histoire de l'exploration de Sâlihîyeh, ancienne Doura Europos, est longue : Sarre et Herzeld prirent les premiers croquis de la forteresse entre 1898 et 1912 ; en mars 1920, l'armée anglaise découvrit les premières peintures murales. Franz Cumont (fig. p. 90), envoyé par l'Académie des Inscriptions, et aidé par les troupes françaises stationnées sur l'Euphrate, entreprit deux campagnes de fouilles en 1922 et 1923. Assisté de l'architecte Léonce Brossé et du colonel Eugène Renard, il dégagea le temple des Dieux Palmyréniens et le temple d'Artémis puis explora l'enceinte : « tour des archers » et « tour des Palmyréniens ». Mais la véritable image que l'on peut avoir aujourd'hui du site, on la doit aux travaux de Rostovtzeff, qui fut à la tête de l'expédition franco-américaine de l'Université de Yale de 1928 à 1937.

Un échantillon des découvertes a été envoyé au Louvre par les missions Cumont et Rostovtzeff. La disposition de Doura Europos sur le plateau, à l'abri de l'humidité de la vallée de l'Euphrate, a permis la conservation, très rare en Orient, d'objets en matière organique, cuir, textiles, fibres, outils et armes.

Bibl. : M.I. Rostovtzeff & E. Brown, 1939. F. Cumont, 1926. A. Perkins, 1973. C. Hopkins, 1979

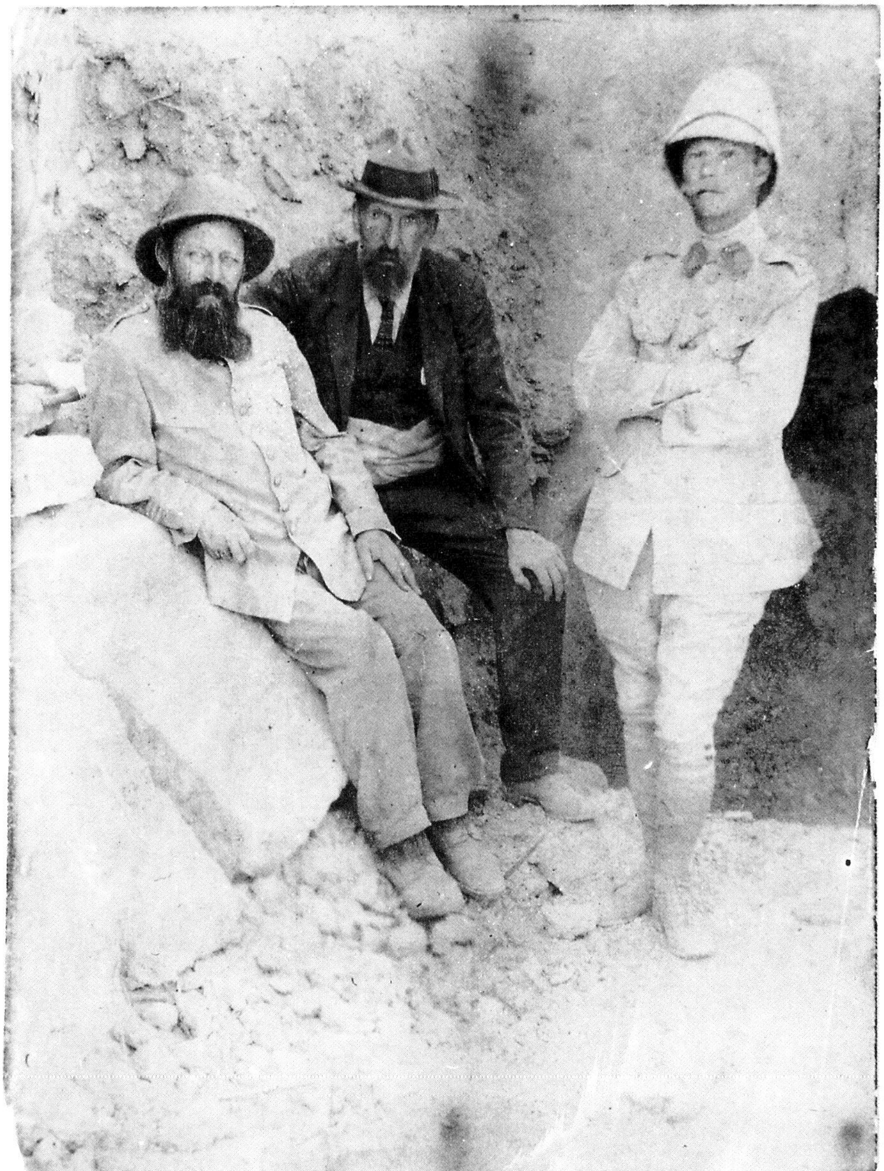

Franz Cumont (au centre) sur la fouille de Doura Europos.
(Cliché collection du capitaine Jumaucourt)

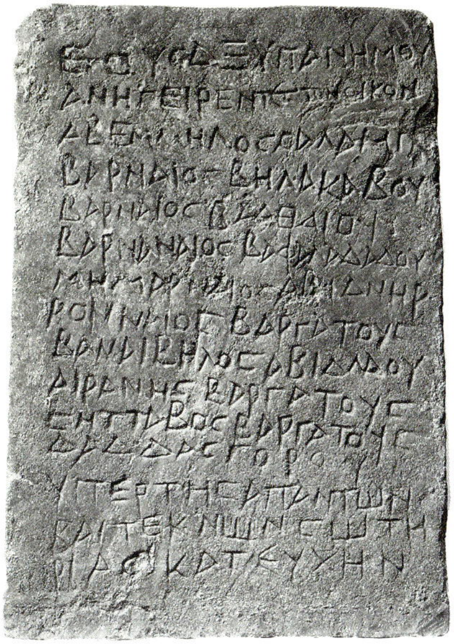

Inscription in Greek of the foundation of the temple of Adonis by a brotherhood of people with Semitic names. The dedication is dated 153 A.D.

39

Inscription grecque

Doura Europos, temple d'Adonis.
153 ap. J.C. Fouilles Yale 1935

Galbâtre gypseux, peinture rouge dans les lettres. H 46,8 ; L 33,5 cm
AO 18200

L'inscription fut retrouvée dans la cour du temple d'Adonis ; elle était sans doute dressée au dessus de la porte d'entrée d'une « chapelle » ou salle de banquets.

« L'an 464 au mois de Panemos. Ont construit ce local Abémmélos fils de Salamg... Barnaios fils de Bèlakabos, Barnaios fils de Baathaios, Barnanaios fils de Baphaladados, Mèmarnaios fils d'Abidnèr, Ronnaios fils de Bargatès, Sèttabos fils de Bargatès, Daddas fils de Goras, pour le salut de tous et pour celui de leurs enfants, en accomplissement d'un voeu ».

L'année 464 de l'ère séleucide de Doura correspond à 153 de notre ère, au mois d'août. Les membres d'un thiase, groupe de fidèles d'une divinité, ont fondé une salle, destinée aux banquets en l'honneur du dieu Adonis. Ces huits personnages portent tous des noms sémitiques très typiques, souvent théophores, c'est à dire mentionnant un nom divin : ainsi Abèmmèlos est « père et mère est le dieu », Sétabbos est « la Dame du père ». Plusieurs noms sont formés à partir de Bar, « fils » en araméen, comme Barnanaios « fils de la déesse Nanai ».

Bibl. : M.I. Rostovtzeff & F.E. Brown 1939, n° 871 ; J.T. Milik, 1972, p. 140

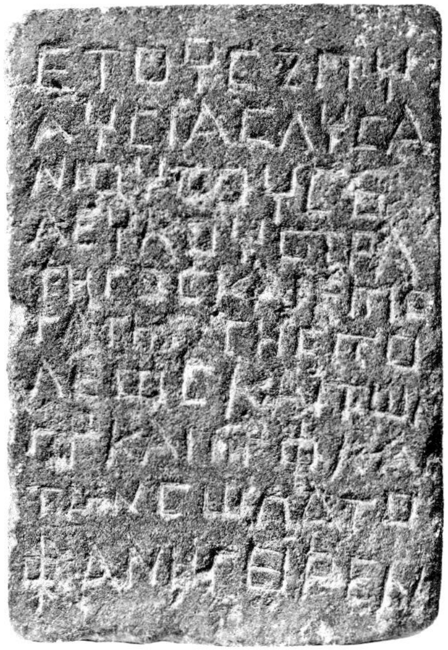

40

Inscription grecque

Doura Europos. 135-136 ap. J.C.

Albâtre gypseux, peinture rouge dans les lettres. H 37 ; L 25,5 cm
AO 20119

Cette inscription, provenant sans doute de Doura Europos, porte des noms propres grecs, Lysias, Lysanias, Séleukos, fréquents dans l'onomastique de la ville.

« L'an 447. Lysias, fils de Lysanias et petit-fils de Séleukos, stratège et épistate de la cité, qui appartient aux » premiers et plus honorés amis « et aux » gardes du corps « à construit ceci ».

La date est donnée selon l'ère séleucide en usage à Doura et doit donc se comprendre 135-136 de notre ère.

Le personnage qui a offert la construction, son père et son grand-père ont des noms gréco-macédoniens et sont vraisemblablement des descendants des premiers colons. A l'époque de ce Lysias, la ville était aux mains des Parthes et ce personnage a reçu des titres auliques, ami du roi et garde du corps, décernés par le souverain parthe.

Greek inscription commemorating a building offered by Lysias, son of Lysanias, grandson of Seleukos, a strategos and epistat of the city, who is one of the "foremost and highly honoured friend" and belong to the "bodyguards". This person, no doubt a descendent of the Macedonian Greek founders of the town, is invested with high functions and holds official titles.

Bibl. : F. Cumont, 1926, n° 134, pl. CXVII,5 ; B. Welles in R.N. Frye, J.F. Gilliam, H. Ingholt et B. Welles, « Inscriptions from Dura-Europos, Yale Classical Studies 14, 1955, 140-142

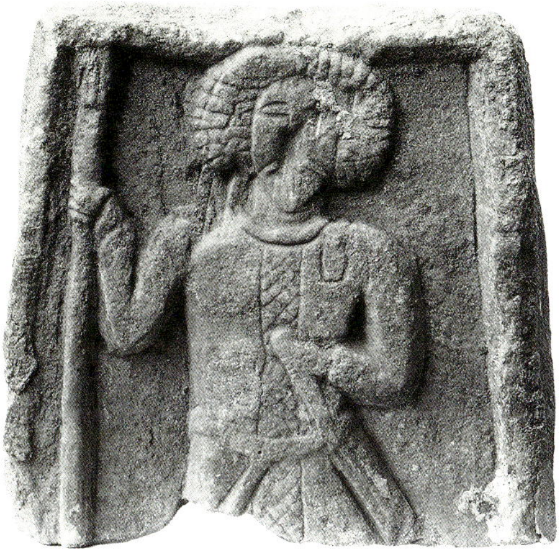

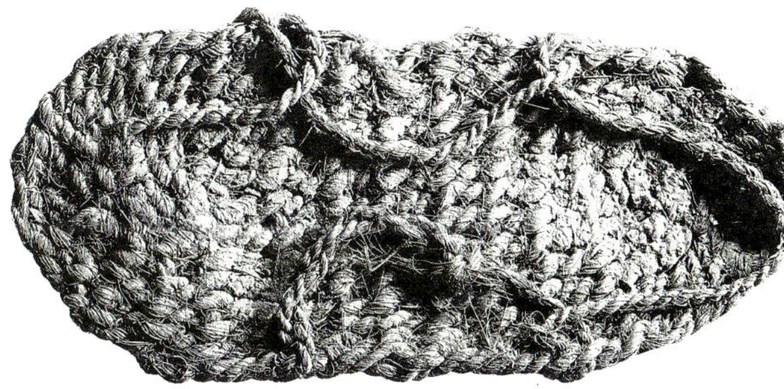

41
Guerrier
Doura Europos, IIe s. ap. J.C. ; fouilles Cumont, 1924

Albâtre gypseux. H 18 ; L 20 cm
AO 22772

Le guerrier, vu de face, porte une tunique galonnée, analogue à celles de Palmyre et d'origine parthe. Il est armé d'une lance et d'une épée. Malgré son caractère un peu fruste, cette stèle est un bon document sur une catégorie sociale de Doura Europos.

Bibl. : F. Cumont, 1926, p. 265

Stele of a soldier. The costume of Parthian origin is similar to that of Palmyra.

42
Sandale
Doura-Europos, tour des archers. IIIe s. ap. J.C. · fouilles Cumont

Corde et fibre de palmier. L 26,5 cm
AO 28296

Lors de la prise de Doura Europos par les Parthes en 256, les travaux de siège ont laissé des traces sur le site. Des soldats et sapeurs ont été écrasés dans les tunnels de mine avec leur équipement.

Les conditions climatiques propres à Doura Europos ont permis la conservation d'objets en matières périssables, rarement parvenus jusqu'à nous : on comparera ces conditions à celles qui ont protégé les tombes creusées dans le désert égyptien, également certaines tombes de Palmyre, qui ont conservé des textiles, ou de Resafa, placée comme Doura Europos, sur un plateau dominant l'Euphrate.

Bibl. : F. Cumont, 1926, pl. XCIV, 31

Cord and palm-fibre sandal. When Doura Europos was captured by the Parthians in 256, many soldiers were trapped under the falling walls and their equipment has been preserved until today.

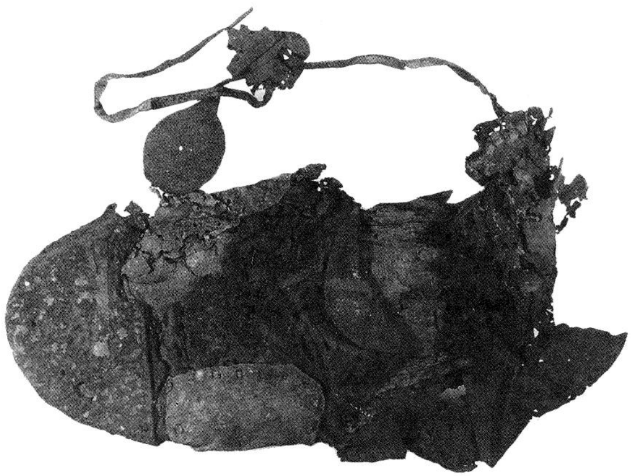

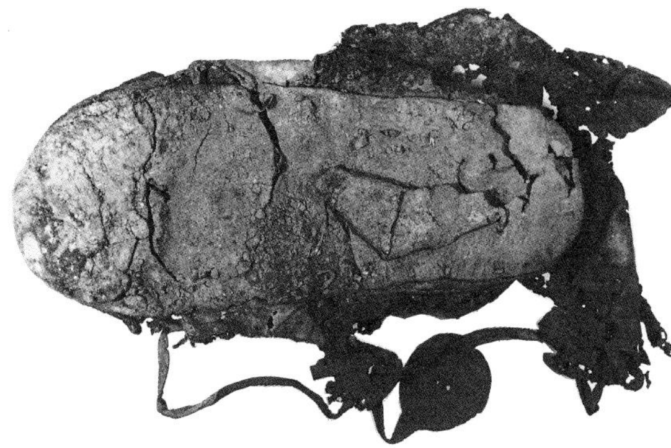

43
Chaussure
Doura Europos, tour des archers, IIe s. ap. J.C. ; fouilles Cumont

Cuir. L 28 cm
AO 28297
Bibl. : F. Cumont, 1926

Leather shoe.

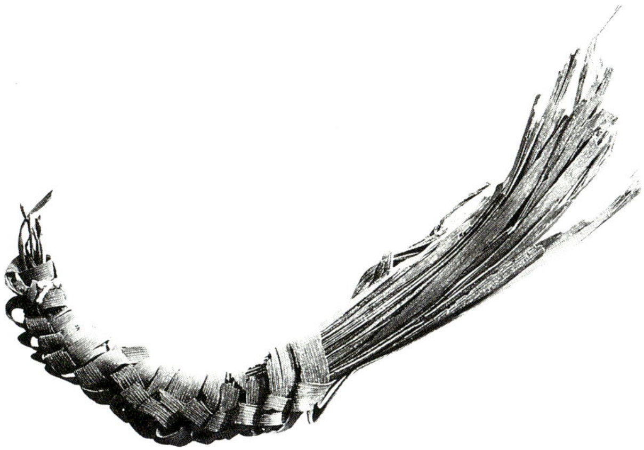

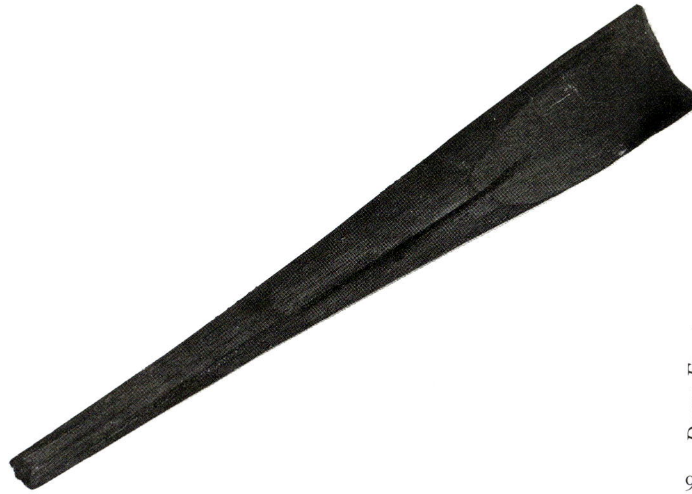

44
Anse de panier
Doura Europos, IIIe s. ap. J.C.

Fibre de palmier. L 17 cm
AO 28298
Bibl. : F. Cumont, 1926, p. 251

Handle of a basket in palm-fibre.

45
Flèche
Doura Europos, IIIe s. ap. J.C.

Bois (de tamaris ?). L 20,5 cm
AO 28429
Bibl. : F. Cumont, 1926, pl. XCVII

Wooden arrow.

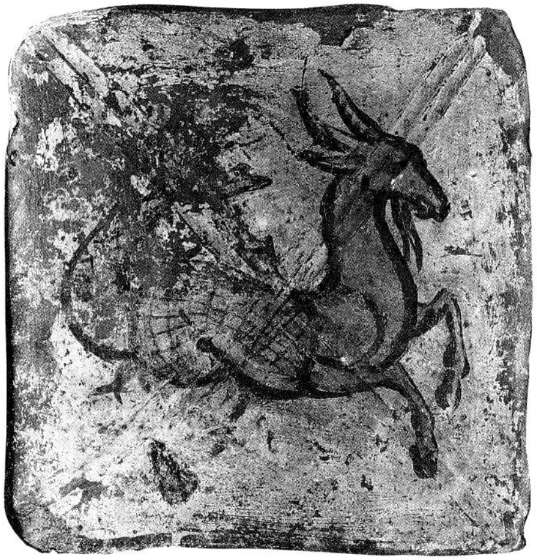

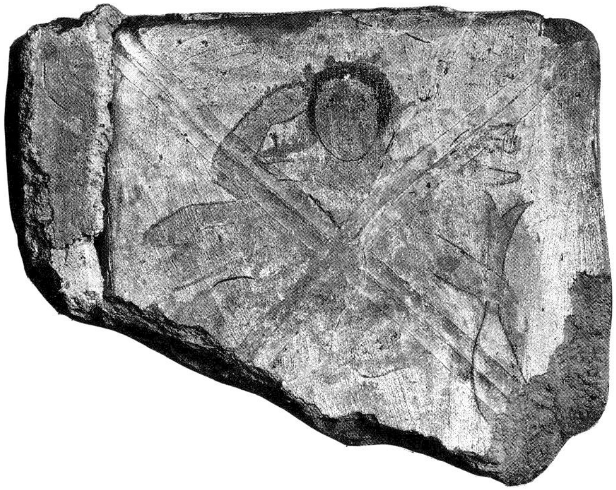

46
Carreau peint : capricorne
Doura Europos, Synagogue. IIIe s. ap. J.C. Don du Mesnil du Buisson

Terre cuite, enduit blanc et peinture rouge, jaune et noire. H 39 ; E 6 cm
AO 16630

Le plafond de la grande salle de la synagogue de Doura-Europos était entièrement revêtu de carreaux de terre cuite peinte avec des motifs religieux ou astrologiques.
BIBL. : Mesnil du Buisson 1939, pl. LXI, 6

Wall tile painted with a capricorn motif, from the synagogue at Doura Europos.

47
Carreau peint : centaure et poisson
Doura Europos, Synagogue. IIIe s. ap. J.C. ; Fouilles Yale 1935.

Terre cuite, enduit blanc, peinture rouge et brun. L 45 ; E 7,5 cm
AO 18199

Voir le n^{o} précédent.
BIBL. : Mesnil du Buisson 1939, pl. LXI, 7

Painted tile decorated with a centaur and fish motif, from the synagogue at Doura Europos.

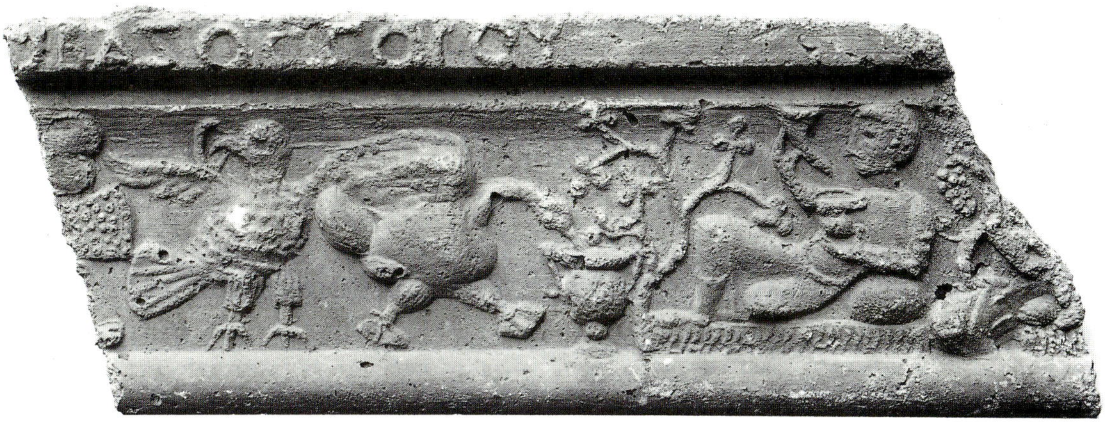

Stucco cornice from a decoration for the temple of Artemis. The moulded design represents a banquet, hunting cupids, theatre masks and shells. An inscription in Greek mentions Orthonobazos, son of Goras.

48

Elément de corniche

Doura Europos, temple d'Artémis (?), fouilles Cumont, 1925

Stuc moulé. H 12,5 ; L 36 cm
AO 29047

A Doura Europos, où la pierre locale est de mauvaise qualité, le décor architectural intérieur était souvent exécuté en stuc, obtenu par traitement du gypse local. Les motifs moulés se répètent régulièrement. Les fragments d'une corniche avec les mêmes motifs ont été retrouvés dans la cour du temple d'Artémis et dans une maison. L'inscription grecque (ici incomplète) est faite « en mémoire d'Orthonobazos, fils de Goras ». Il s'agit soit de la signature de l'artiste qui a fabriqué les moules, soit du donateur qui a fait faire ce décor pour l'offrir à Artémis, peut-être pour une salle de banquet. La même famille se retrouve dans une dédicace du temple d'Artémis, où elle a offert un naos (chapelle). Le nom de Goras est sémitique alors que celui d'Orthonobazos est iranien.

Le décor de la corniche représente des banqueteurs couchés tenant des coupes et des cornes à boire ; des paons ou phoenix symétriquement disposés, se désaltèrent dans un cratère. Des amours se livrent à la chasse aux bêtes fauves. L'image en buste d'un personnage est couronnée par des petites victoires ailées. Au registre inférieur, des masques, des coquilles et des animaux terrestres ou marins. Cette iconographie est empruntée au monde gréco-romain, et comporte des éléments d'origine perse : à Doura Europos, comme à Palmyre, nous sommes à mi-chemin entre deux mondes.

Bibl. : F. Cumont, 1926, pl. LXXVI

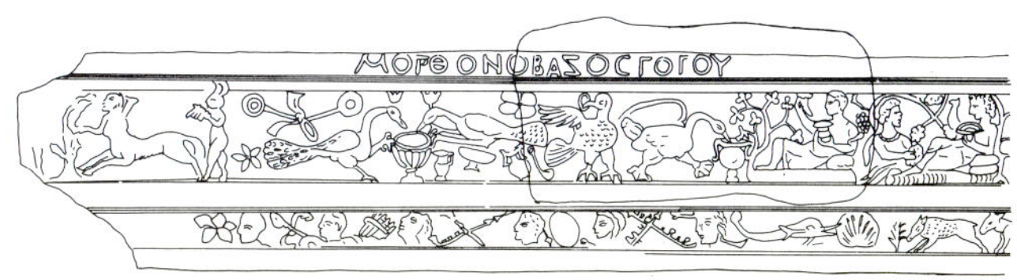

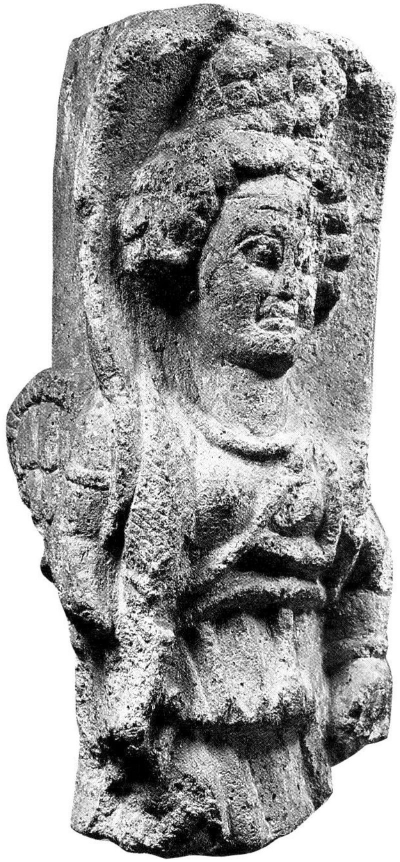

49

Elément de décor architectural : Victoire ailée

Doura Europos, temple d'Artémis.
Début IIIe s. ap. J.C. ; fouilles Cumont

Stuc peint en rouge, noir et vert. H 34 ; L 15,5 cm
AO 20120

Cette image de Victoire associe des éléments grecs, parthes et indigènes.

BIBL. : F. Cumont, 1926, pl. LXXXIV, 2

Winged victory, from an architectural design in stucco.

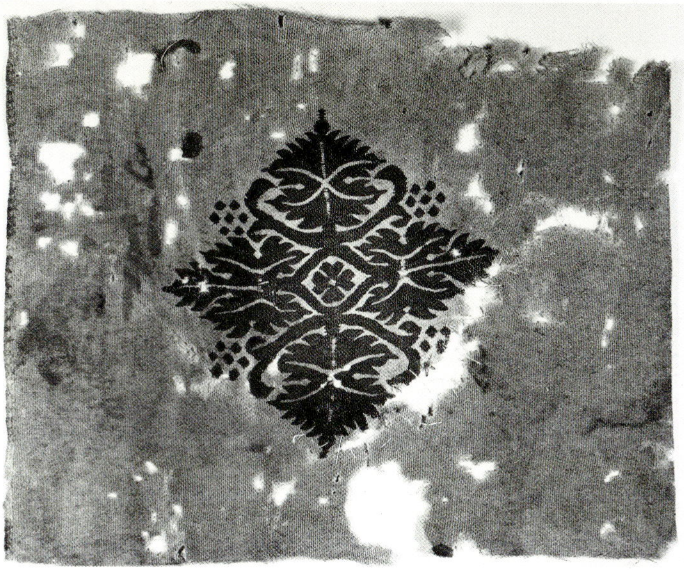

Fragment of a woollen and linen cloth.

50

Pièce de tissu décorée d'un fleuron

Doura Europos, provenant d'une tour de l'enceinte. IIIe s. ap. J.C. ; fouilles Cumont

Laine et toile, violet et garance. H 34 cm
AO 28441

Le Laboratoire de recherche de la Caisse Nationale des Monuments Historiques a procédé en 1986 à des identifications des fibres découvertes à Doura et de leurs colorants : à l'exception d'un morceau en poil de chameau, les tissus de Doura Europos sont en laine de mouton. L'armure dans certains cas, est en toile simple, la torsion de sens S et le titre des fils varie entre 40 et 50 tex. Les colorants utilisés pour les teintures sont la gaude (variété de réséda), la garance et l'indigo. Un des échantillons a livré de la cochenille, avec un mordant de fer-aluminium.

On a bien rarement la possibilité en Orient de juger sur pièce la qualité, le luxe et la gamme chromatique des vêtements dont se paraient les anciens : les sources écrites et les peintures murales nous en ont seules conservé le souvenir. Les différentes techniques remarquées à Doura Europos montrent qu'il s'agit souvent d'importations, à divers stades de fabrication : on faisait venir soit les colorants, soit du fil prêt à tisser soit l'étoffe prête à façonner. L'indigo, par exemple, était une spécialité du Yémen.

BIBL. : F. Cumont, 21926, pl. XCIII, 1

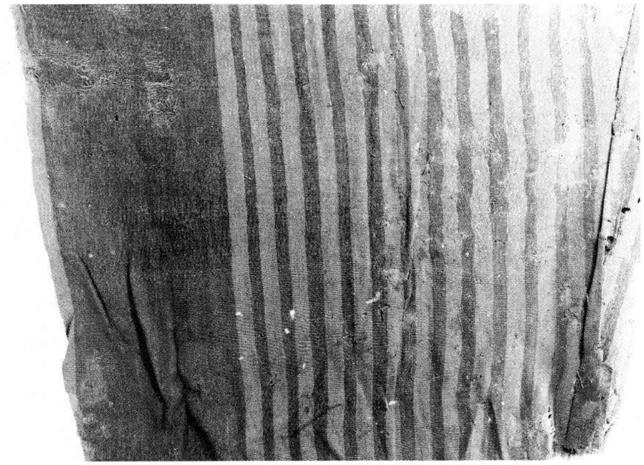

51
Tissu rayé
Doura Europos, IIIe s. ap. J.C. ;
fouilles Cumont

Laine et pigments (rouge garance). L 28 cm
AO 28440
Bibl. : F. Cumont, 1926, p. 250

Woollen cloth with madder-red pigment stripes.

52
Tissu rayé
Doura Europos, IIIe s. ap. J.C. ;
fouilles Cumont

Laine et pigments (rouge garance, vert de gaude). L 71 cm
AO 28444
Bibl. : F. Cumont, 1926, pl. XCII, 2

Woollen cloth with madder-red pigment and green weld stripes.

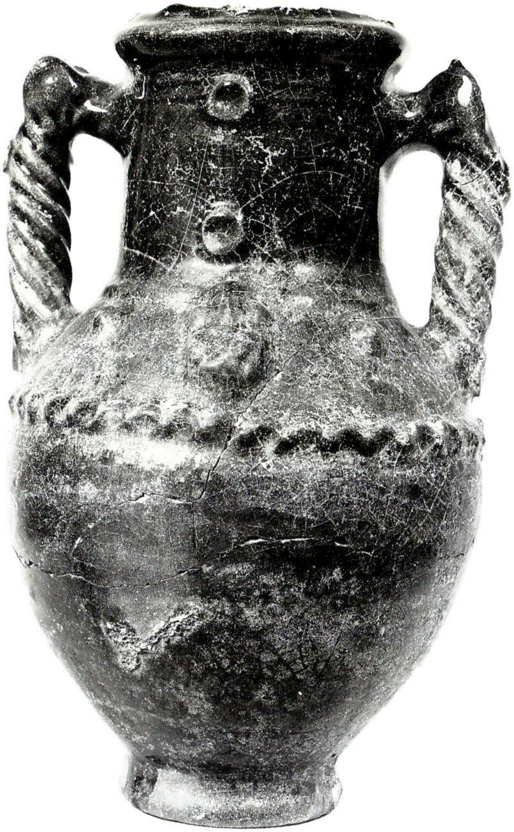

Green-glazed amphora in pottery, from Rakka. Glazed pottery is typical of the rich vessels of the Euphrates region (Doura Europos, Rakka) and Mesopotamia, whence it was exported to South Arabia. With the advent of Islam, this technique was preserved and improved. Rakka was on important pottery making center.

53

Amphore à anses torsadées

Rakka. IIIe s. ap. J.C.

Terre cuite à glaçure verte. H 31 ; D 19,5 cm
AO 6280

Le procédé qui consiste à poser une glaçure colorée sur de la poterie est une des grandes inventions de l'Orient ancien, promise à une longue postérité : cette céramique est caractéristique de la Mésopotamie, où elle est employée couramment depuis l'époque hellénistique ; au contraire, le monde méditerranéen utilise la céramique à vernis, héritée des potiers grecs de l'Attique et répandue dans tout le littoral levantin. La frontière entre ces deux techniques, si révélatrices de moeurs de la vie quotidienne, se situe précisément sur le Moyen Euphrate, dans la région de Doura Europos et Rakka. Avec l'arrivée de l'Islam, c'est la tradition orientale et la poterie à glaçure qui l'emportera définitement, trouvant des possibilités décoratives d'une infinie richesse.

Bibl. : F. Cumont, 1926, fig. 62-63

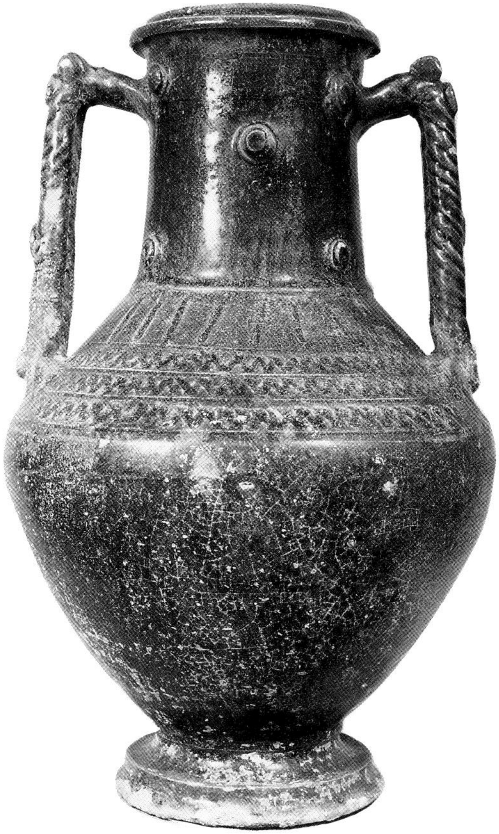

54

Vase à deux anses

Rakka. IIIe s. ap. J.C.

Terre cuite à glaçure vert-jaune. H 38 ; D 26 cm

AO 6278

Bibl. : F. Cumont, 1926, fig. 62

Glazed ceramic vase from Rakka.

Les confins de la Mésopotamie et le Golfe Arabo-persique

A l'est de l'Euphrate, des royaumes indigènes indépendants ont prospéré en bordure du Golfe et de la plaine mésopotamienne : ils gardèrent des contacts constants avec celle-ci et ses occupants successifs : les Séleucides, qui régnaient, depuis leur capitale de Séleucie du Tigre, sur un empire immense, puis les Parthes et les Sassanides.

Le Golfe est la meilleure route entre la Mésopotamie et la vallée de l'Indus ; par là passaient les importations de bois de charpente, de blocs de pierre à sculpter ou de pierres précieuses comme le lapis-lazuli, dont les gisements se situent en Afghanistan. A partir de l'époque romaine, le Golfe offrit une des routes possibles pour le trafic de la soie venue d'Extrême-Orient. Les îles de Bahrein ou de Failaka (au large de Koweit) ont servi très tôt d'aiguade pour « les bateaux de Dilmoun » que mentionnent les textes sumériens. Un des lieutenants d'Alexandre le Grand, Néarque, fit le passage vers les Indes via le Golfe. Les conquérants grecs se sont intéressés aux points stratégiques que constituaient les îles : des bases militaires leur ont permis de contrôler la route maritime de l'Inde tout en surveillant les mouvements des tribus arabes sur le continent. L'assimilation entre les populations locales et l'élite macédonienne fut favorisée par l'adaptation des cultes indigènes aux formes classiques, tandis qu'une politique de monnayage établissait la confiance dans les échanges commerciaux.

L' archéologie s'est intéressée récemment à l'exploration de cette région dont l'importance est aujourd'hui reconnue. Plusieurs missions archéologiques françaises poursuivent à l'heure actuelle des travaux dans différents états du Golfe et sur différentes périodes ; ces recherches permettent d'élargir l'horizon des relations culturelles et commerciales de la péninsule arabique avec la Mésopotamie et l'Inde. Ces régions étant malheureusement inconnues des savants à l'époque où se constituaient les collections du Louvre, tout un aspect de ces cultures échappent au dossier ici présenté.

A l'époque romaine, l'extrême sud mésopotamien était le siège d' un royaume autonome, la Characène, ou Mésène. La région joua un rôle d'intermédiaire politique et commercial entre Romains, Arabes et Parthes. Elle entretint, via l'Euphrate, des liens étroits avec la Palmyrène. A Tello, au cours du IIe siècle avant notre ère, un dynaste ou gouverneur araméen,

Adad-Nadin-Akhé, rassembla pieusement les statues de son lointain prédécesseur Goudéa pour en orner son palais, construit dans les ruines du temple du IIIe millénaire. Un trésor monétaire mis au jour dans ce bâtiment a livré un très bel ensemble de pièces frappées par les rois de Characène. Ces monnaies s'échelonnent entre le premier roi connu de la dynastie, Hyspaosinès (109 av. J.C.) et le dernier roi Attabélos, qui fit soumission à Trajan en 116 de notre ère. Ce trésor permet de suivre la permanence de l'occupation de Tello et de la région sur près de quatre siècles : le site de Médaïn, ensemble de monticules voisins de Tello, a également livré des traces d'une occupation remontant à l'époque de Goudéa puis à celle de Adad-Nadin-Akhé : lors de l'exploration conduite en 1930, des tombes de la période récente ont livré un riche matériel : figurines, céramique à glaçure.

BIBL. : Ed. Will, 1979-1982

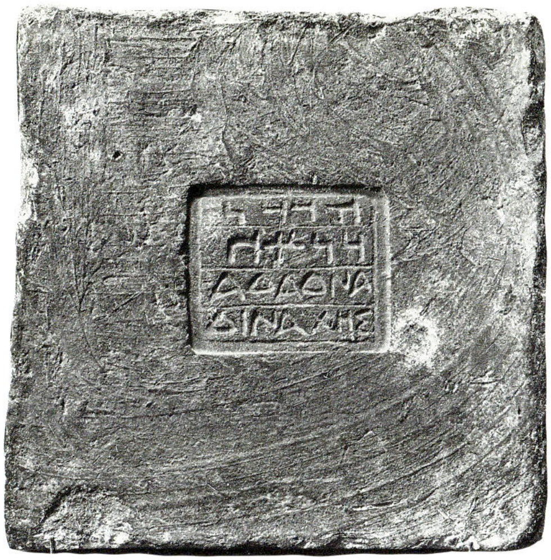

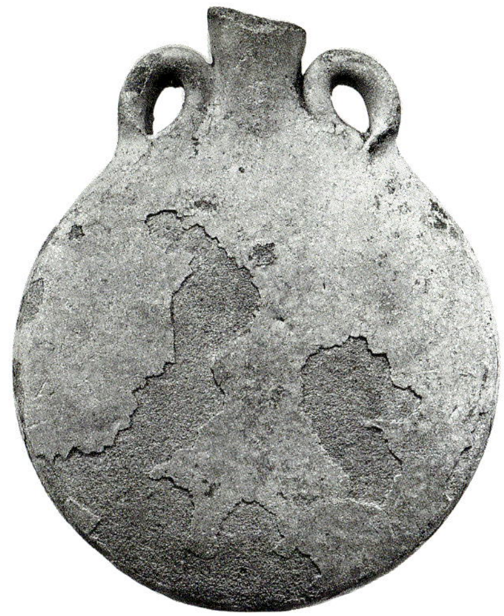

55
Brique inscrite du dynaste Adad-Nadin-Akhé
Tello, IIe s. av. J.C. ; mission E. de Sarzec 1881

Terre cuite estampée. H 7,5 ; L 31 cm
AO 29762

L'antique cité sumérienne de Girsou, où le prince Goudéa avait prodigué ses monuments, fut réoccupée après un long abandon à partir du IIe s. av. J.C. par un prince local, au nom araméen de Adad-Nadin-Akhé. Celui-ci réemploya des éléments d'architecture anciens dans son palais qu'il aménagea à l'emplacement des ruines de l'Eninnou. Ses propres constructions sont repérables aux briques estampées à son nom, transcrit en araméen et en grec, les deux langues de culture de son temps. Dans l'Orient ancien, seul le roi bâtisseur pouvait marquer les briques de son nom. Adad-Nadin-Akhé est intéressant par son ambition de continuité royale et sa volonté d'hellénisation. Il est peut-être l'ancêtre de la dynastie arabe des rois de Characène.
BIBL. : A. Parrot, 1948, p. 310

Brick inscribed with the name of Addad-Nadin-Akhe, from his palace at Telloh (Lower Mesopotamia), IInd century B.C. The name is inscribed in Greek and in Aramaic, the two cultural languages of this time.

56
Gourde à deux anses
Tello, IIe-Ier siècles av. J.C. ; mission E. de Sarzec 1881

Terre cuite à glaçure blanche. H 18,8 ; D 15,2 cm
AO 968

La céramique à glaçure appliquée sur une poterie argileuse tournée est devenue courante en Mésopotamie et dans le Golfe à partir de l'époque hellénistique. L'ère de répartition de cette vaisselle déborde largement celle de l'empire grec des Séleucides, mais elle semble bien associée à la sphère d'influence grecque en Orient. La technique survivra pratiquement sans interruption jusqu'à nos jours.
BIBL. : Sarzec 1884-1912, pl. 42

Glazed ceramic gourd from Telloh, IInd-Ist century B.C. This technique was commonly used for luxury vessels from the Hellenistic period onwards. It has been kept up in the region practically until present time.

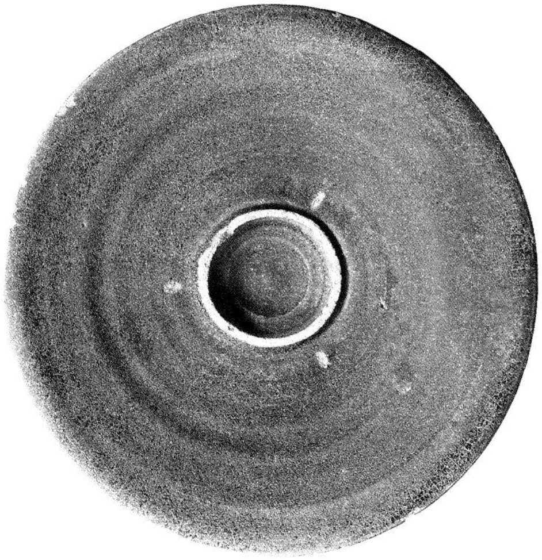

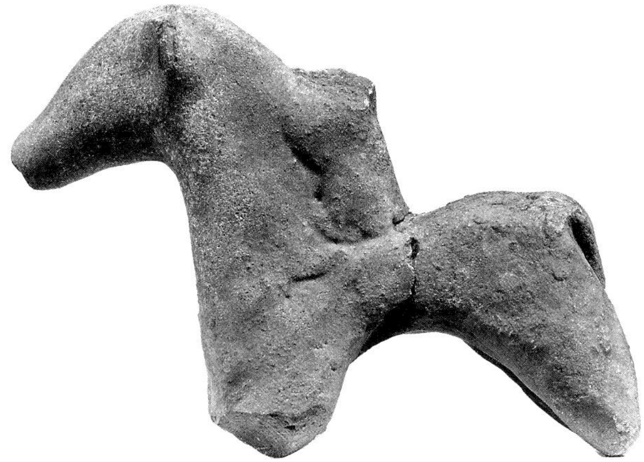

57
Coupe à base annulaire
Tello, IIᵉ-Iᵉʳ siècles av. J.C. ; mission E. de Sarzec 1881

Terre cuite à glaçure verte. H 4 ; D 18,3 cm
AO 25115
BIBL. : Sarzec 1884-1912, pl. 42

Glazed ceramic bowl, Telloh, IInd century B.C.

58
Cheval et cavalier
Medaïn, IIᵉ-Iᵉʳ siècles av. J.C. ; mission H. de Genouillac 1930-1931

Terre cuite à glaçure bleu-vert. H 8,5 ; L 10,8 ; E 4,5 cm
AO 14583a

Les figurines de cavaliers, en terre cuite simple ou glaçurée, ont été retrouvées en grand nombre dans les tombes et les sanctuaires de cette période ; on les rencontre dans le Golfe (par exemple dans les fouilles récentes de Failaka, Koweit), en Mésopotamie du sud et jusqu'en Iran du sud-ouest. Elles sont l'expression de cultes populaires locaux encouragés par les Grecs Séleucides.
BIBL. : Genouillac 1910, pl. 128, 5

Glazed ceramic statuette of a horseman from Madā'in, near Telloh, IInd-Ist century B.C. These horsemen are the expression of popular cults of war gods.

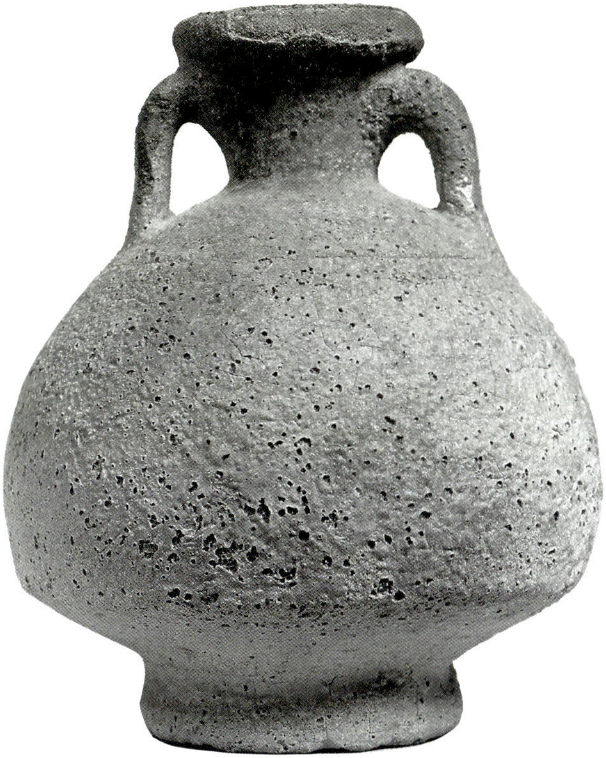

59

Vase à deux anses

Tello, IIe-Ier siècles av. J.C. ; mission E. de Sarzec 1881

Terre cuite à glaçure jaune. H 10,5 ; D 9 cm
AO 954
Bibl. : Sarzec 1884-1912, pl. 42

Glazed ceramic bowl with two handles, IInd-Ist century B.C., Telloh.

A. R. al-Ansary, 1982 :
Qaryat al-Fau. A Portrait of Pre-Islamic Civilisation in Saudi Arabia, Riyadh

CIS :
Corpus Inscriptionum Semiticarum, édité par l'Académie des Inscriptions et Belles Lettres), Paris

M.A.R. Colledge, 1976 :
The Art of Palmyra, London

G. A. Cook, 1903 :
A Text-Book of North-Semitic Inscriptions, Oxford

F. Cumont, 1926 :
Fouilles de Doura-Europos (1922-1923), 2 vol., Paris

A. Dain, 1933 :
Inscriptions grecques du musée du Louvre, Paris

W. Daum, 1988 :
Yemen, 3000 Years of Art and Civilisation in Arabia Felix, Pinguin Innsbruck & Frankfurt/Main

J.-M. Dentzer 1985-86 :
HAURAN I, Recherches archéologiques sur la Syrie du Sud à l'époque hellénistique et romaine, ouvrage collectif édité par J.-M. Dentzer Paris, (2 vol.)

J. Dentzer-Feydy 1990 :
« Les linteaux à décor figuré en Syrie méridionale », *Colloque de Suweida* 29-31 octobre (à paraître)

J. Dentzer-Feydy & J. Teixidor 1991 :
Palmyre. Collection du Musée du Louvre, Paris (à paraître)

R. Dussaud, 1912 :
Catalogue des monuments palestiniens et judaïques du musée du Louvre, Paris

R. Dussaud, 1955 :
La pénétration des Arabes en Syrie avant l'Islam, Paris

R. Dussaud et F. Macler, 1901 :
Voyage archéologique au Safa et au Djebel Druze, Paris

R. Dussaud et F. Macler, 1903 :
Mission dans les régions désertiques de la Syrie moyenne, Paris

Exposition Lyon 1978-1979 :
Un Royaume aux confins du désert : Pétra et la Nabatène

Expositions Paris 1980 :
Au Royaume de Saba : archéologie du Yémen, Cahiers du Musée d'Art et d'Essai, n° 4 Paris, Editions de la Réunion des Musées Nationaux

H. de Genouillac, 1910 :
Nouvelles fouilles de Tello, Paris

C. Hopkins, 1979 :
The Discovery of Dura-Europos, Yale Univ. Press

A. Jaussen et R. Savignac, 1909 - 1914 :
Mission archéologique en Arabie, 2 vol., Paris

H. ibn al-Kalbi, 1952 :
The Book of Idols, being a Translation from the Arabic of the Kitab al-Asnam, Princeton

E. Ledrain 1886 :
Notice sommaire des monuments araméens et hymiarites, Musée du Louvre, Paris

M. C. A. Macdonald 1991 :
Arabian Arachaeology and Epigraphy II (à paraître)

A. H. Masry, 1975 :
An Introduction to Saudi Arabian Antiquities, Department of Antiquities and Museums

J. T. Milik, 1972 :
Dédicaces faites par des dieux, Paris

A. Parrot, 1948 :
Tello, Paris

A. Perkins, 1973 :
The Art of Dura-Europos, Oxford

J. Pirenne, 1958 :
A la découverte de l'Arabie, Paris

M. I. Rostovtzeff et F.E. Brown, 1939 :
The Excavations at Dura-Europos 1933-34 and 1934-35, Yale

M. Sartre, 1985 :
Bostra des origines à l'Islam, Bibliothèque d'Art et d'Histoire 117, Paris

E. de Sarzec, 1884-1912 :
Découvertes en Chaldée, Paris

F. de Saulcy, 1853 :
Voyage autour de la Mer Morte et dans les terres Bibliques exécuté de décembre 1850 à avril 1851, Paris 3 vol

J. Starcky, 1961 :
« Pétra et la Nabatène », *Supplément au Dictionnaire de la Bible,* VII

J. Starcky et M. Gawlikowski, 1985 :
Palmyre, Paris

J. Teixidor, 1977 :
The Pantheon of Palmyra, Leiden

Ed. Will, 1979-1982 :
Histoire Politique du Monde Hellénistique 323-30 av. J.C., Nancy (2e édition)

Crédits photographiques :
Réunion des musées nationaux
C. Larrieu et M. Chuzeville

Cet ouvrage a été achevé
d'imprimer le 20 juin 1990
sur les presses de l'Imprimerie Jacques London
d'après les maquettes de Cécile Neuville
Le texte a été composé en Granjon
par l'Imprimerie Jacques London,
les illustrations gravées par Pragmaphot
et le papier fabriqué
par les Papeteries Job

Dépôt légal : juin 1990
ISBN : 2-7118-2368-7
GK 19 2368